アメリカの空き家対策とエリア再生

人口減少都市の公民連携

平修久

学芸出版社

はじめに

近年、日本において空き家の問題は深刻化の一途をたどっている。その問題解決に向けた取り組みが行われている現場では、どのようなことが起こっているのだろうか。空き家だと思って調査を始めたものの居住者がいることが判明すると、老朽化により隣接住宅に危険を及ぼすおそれがあるにもかかわらず、空き家問題の担当者は介入できない。長屋の真ん中の住宅が老朽した空き家のまま放置されているにもかかわらず、「空家等対策の推進に関する特別措置法（空家特措法）[*1]」では空き家とみなさないために行政措置ができない。また、空き家の登記がかなり古く、相続人が多数存在したり、相続人の半数が他自治体に居住していたりすると、自治体は所有者等を特定するために多大な負担を抱える。さらには、特定空家と認定され迅速に問題解決を図る必要があっても、指導・助言、勧告、命令というステップを踏まなければならず、時間がかかる。

これらは、日本の空き家問題の法制度の不備に起因する典型的な対応上の問題である。空き家問題の担当者はすぐにでも何とかしたいと思いつつも、法令・制度などの制約を受けて適切な対応が十分にできずに手をこまねき、空き家問題が悪化しないことを祈るしかない。

空き家問題に迅速に効率的に対応する方法はないのだろうか。

アメリカに目を向けてみると、空き家問題への対応は日本のかなり先を行っている。特に、アメリカの中西部および東部の諸都市は、住宅地の郊外化に加え、20世紀初頭から経済発展をけん引してきた製造業などの衰退により、中心部で人口が大幅に減少し、空き家が大量に発生した。その後、今世紀に入って、サブプライムローン利用者の返済が滞り、差押えによりさらに空き家が増加した。空き家が増え住民が減ると、犯罪や放火といった安全面の問題が生じる。残った住民も住宅を維持管理するモチベーションが低下し、住宅地全体が衰退に向かい、不動産価値が低下する。

このような状況の中で、アメリカの自治体では、20世紀前半から関連条例を制定し、その遵守の推進を図るとともに、必要な行政措置を実施している。自治体だけで空き家問題に対応することには限界があり、ランドバンクや財産管理人制度の適用により住宅や住宅地の再生も図っている。アメリカの対策は日本の法制度になじまないと、諦めているだけで良いのだろうか。アメリカの対策の中にも、当初は憲法違反ではないかと疑いを持たれ、理解を得るために時間を要したものもある。それらは丁寧な説明を繰り返し行うことにより、理解を得てきた。行政代執行により空き家を解体しすぎたのではないかという懸念から代執行を控え、再び戦略的に代執行で解体を進めている自治体もある。こうしてアメリカでは多くの努力や試行錯誤を経て、空き家問題に取り組んでいる。

このようなアメリカの空き家問題への対応の変遷は、今後、問題のある特定空家の増加が予想される日本にとって、少なからず参考になるものと思われる。

日本の空き家は、総務省統計局の「住宅・土地統計調査」によると、１９５８年の36万戸から一貫して増加を続け、２０１８年には８４６万戸となった。空き家率は、１９９８年に初めて10％を超えて11・5％となり、2018年には13・6％にまで上昇した。今後、世帯数の減少が新設住宅着工戸数のそれよりも加速することが見込まれ、住宅の除却や有効活用が進まなければ、空き家は2033年には約2150万戸まで増加し、空き家率は約30％に達するという予測結果がある。[*2]

空き家は、維持管理が不十分な場合には、安全問題（倒壊や火災など）、健康被害（雑草の繁茂によるアレルギー物質の拡散、病害虫の発生など）、景観悪化、不動産価値の低下につながり、周辺に多大な悪影響を及ぼす。これらの問題への対応のため、日本の多くの自治体では空き家条例が制定され、2015年には空家特措法が完全施行された。また、1051（62％）の市町村で空家等対策計画が策定され、735（43％）の市町村で法定協議会が設置（2019年3月31日現在）されているように、空き家は全国的な問題となっている。近年、空き家の再生利用の取り組みが見られるようになったが、取り壊しをはじめとして問題のある空き家への具体的な対応事例はまだまだ限られている。

本書の構成は、以下のとおりである。まず、1章で、アメリカにおける空き家の発生の要因と問題を整理する。次に、2章で空き家の発生を抑制するための住宅の維持管理、3章で問題が生じている空き家などへの対策について、オハイオ州の自治体を中心に日本の制度と比較しながら見ていく。続いて、自治体以外の主体による問題住宅への対策として、4章ではランドバンク、5章では財産管理人制度について述べる。そして、6章で空き地の維持管理のしくみと有効活用方法、7章で衰退した地区を面的に再生している事例を、それぞれ紹介する。最後に、8章ではアメリカの空

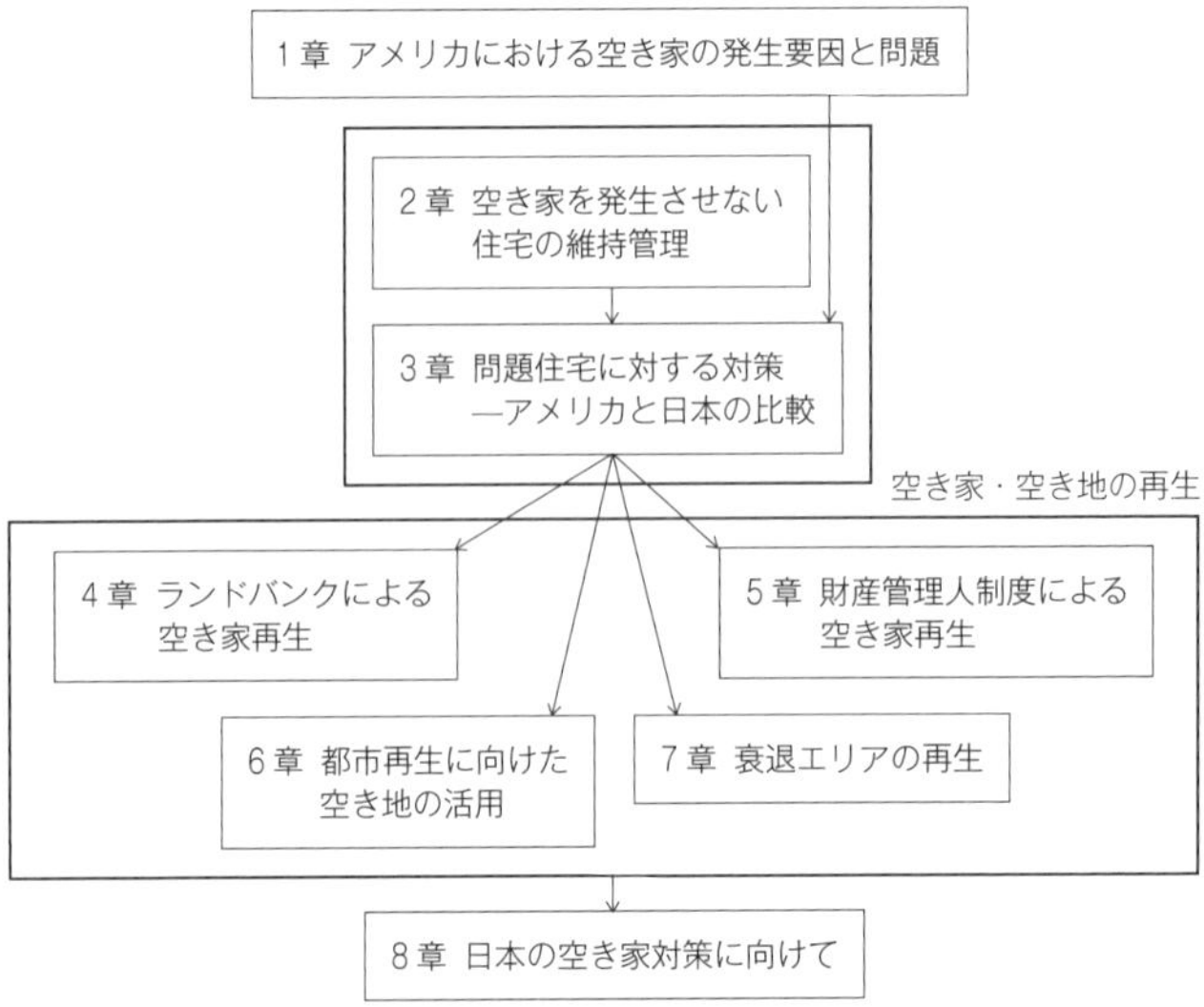

本書の構成

き家・空き地問題への対策のうち、日本でも導入や検討が望まれる事項について整理する。

本書が、日本の今後の空き家対策のあり方と具体策を考える上でお役に立つことができれば幸いである。

注

＊1 空家等対策の推進に関する特別措置法および国土交通省の関連文書においては「空家」と表記され、自治体の空き家条例や「住宅・土地統計調査」では「空き家」と表記されている。本書では、空家特措法および関連文書については「空家」、それ以外では「空き家」と表記している。

＊2 野村総合研究所「NEWS RELEASE」2015年6月22日 https://www.nri.com/jp/news/2015/150622_1.aspx

目次

7章 衰退エリアの再生 215

8章 日本の空き家対策に向けて 265

本書で紹介する主な都市

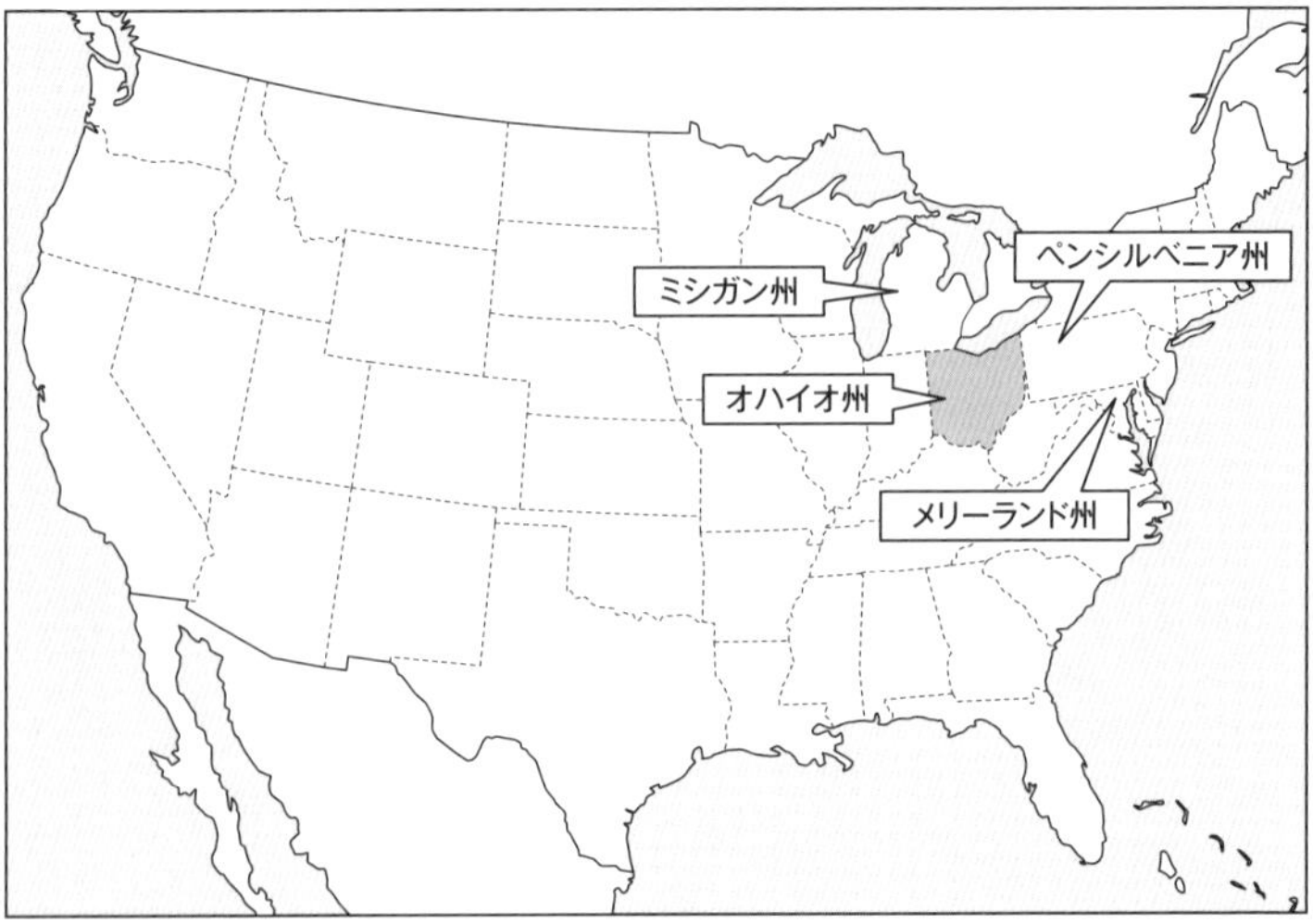

ミシガン州
ペンシルベニア州
オハイオ州
メリーランド州

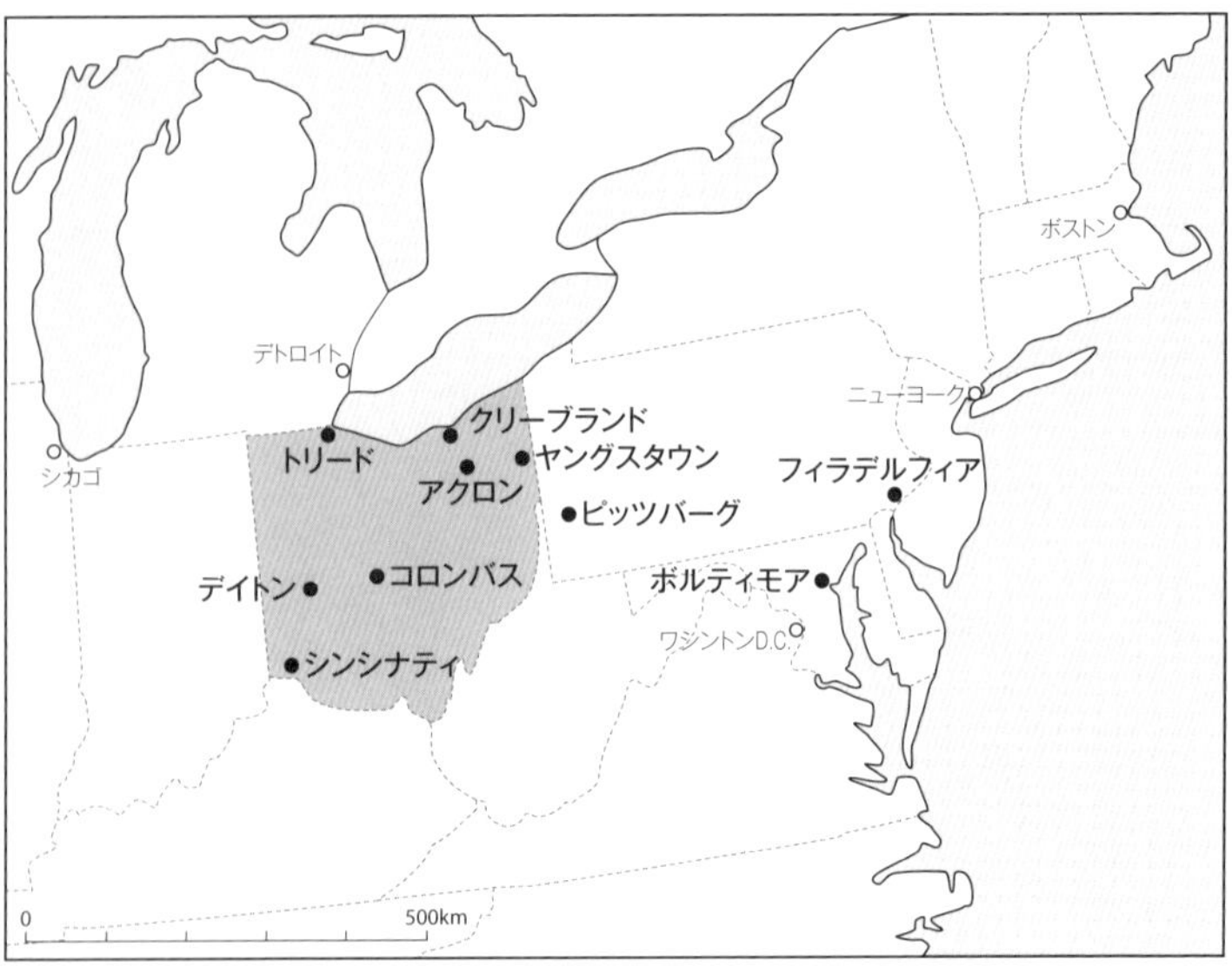

ボストン
デトロイト
ニューヨーク
クリーブランド
シカゴ
トリード
ヤングスタウン
フィラデルフィア
アクロン
ピッツバーグ
デイトン
コロンバス
ボルティモア
ワシントンD.C.
シンシナティ
0
500km

1 章

アメリカにおける
空き家の発生要因と問題

本章では、アメリカにおける空き家の発生要因、そしてそれによって引き起こされている諸問題を整理する。まず、人口・住宅・空き家の推移を概観する（1節）。次に、空き家の発生要因の一つであるサブプライムローンの破綻について述べる（2節）。続いて、空き家問題を、ローン利用者、賃貸住宅の居住者、地域コミュニティ、市街地、自治体の面から整理する（3節）。最後に、2章および3章の基礎的情報として、住宅関連条例の制定状況について記述する（4節）。

1 人口・住宅・空き家の推移

オランダの都市人口学者レオナルドゥス・ヘンドリック・クラーセンが1980年代に提唱した「都市発展段階説（Theory of Urban Development）」によると、都市は、まず、中心部の人口が増加し（都市化）、次第に郊外部の人口増加率が中心部のそれを上回り、やがて、中心部の人口が減少に移行し（郊外化）、そして、都市圏全体で人口減少に転じる（逆都市化）という。その後、都市圏全体では人口は減少を続けるものの、再び中心部の人口が増加に戻る（再都市化）とされている。

アメリカの都市の発展・衰退の歴史を見ると、多くの都市で「都市化→郊外化→逆都市化」という流れが確認できる。その過程の中で、人口変動に伴って、郊外化の段階では中心部に、逆都市化の段階では都市圏全体に、空き家が発生している。

郊外化は、治安面などで中心部の住環境を悪化させ、中高所得者層の郊外転出をもたらす。中心部には低所得者層が残り、税収が減少するとともに公共サービスが低下し、郊外転出にますます拍車がかかる。いわば、中心部が空洞となる「ドーナツ化現象」が発生する。それに伴い、オフィスも転出し、郊外部にはエッジシティが誕生する。

歴史の古い都市では、このドーナツ化現象により空き家が発生した。この時期に空き家化した住宅は、近年の差押えにより生じた物件に比べて質が高いと思われる。

一方、長年にわたり人口減少に悩まされていた都市が、再都市化のステージを通過し、新たなサイクルに入る兆しを見せている。都市再開発の波はアメリカ東海岸の人口減少都市にも及び、フィラデルフィアやボルティモアでは2015年に、実に65年ぶりに人口が微増に転じた。特定の街区では土地や住宅の需要が高まり、不動産市場も復活している。実際、2016年時点で、フィラデルフィア中心部では2棟の高層ビルの建設が進んでおり、ボルティモアでは、中心部の東側の荒廃していた地区で、ジョンズ・ホプキンス大学病院を中心とした大規模な面的再開発（The East Baltimore Revitalization Initiative）が進行している。

他方で、経済回復の恩恵が十分に及んでいない州もある。その一つがオハイオ州である。同州はアメリカ中西部の北部に位置し、北は五大湖の一つであるエリー湖に面している。面積10・6万平方キロ、人口は約1153万人（2010年国勢調査）で全米7位である。1910年時点では人口は全米4位であったが、1950年にイリノイ州、1970年にテキサス州、1990年にフロリダ州に抜かれた。人口増加は継続しているものの、1980年代以降、10年間の人口増加率は5％未満に低下し、全米平均の半分未満になっている。100万人以上の都市圏が三つあるが（クリーブランド市、コロンバス市、シンシナティ市）、全米で10位以内にランキングされている都市圏はない。

オハイオ州は20世紀前半から中頃まで製造業を中心に経済発展を遂げたが、1960年代以降は日本をはじめとするアジア諸国に押され、製造業は衰退傾向にある。多くの工場が閉鎖され、多数の工場労働者が職を失った。その影響は製造業だけにとどまらず、建設・小売・サービス業などにも及んだ。

オハイオ州の主要な都市および都市圏の人口の推移を表1に示す。州都のコロンバス市を除いて、いずれの都市も50年以上も前から人口減少に転じている。なかでもヤングスタウン市のピーク年は1930年と古い。また、同市は、1960年代以降、10年ごとに10％以上もの人口が継続して減少している深刻な状況にある。そのため、ピーク年人口に対する2015年の人口の比率が38％と極めて低くなっている。

都市圏人口を見ると、クリーブランド市とヤングスタウン市は減少傾向が続いている。デイトン市とトリード市も微減傾向に転じている。

人口減少の要因としては、全米各地に見られる住宅地の郊外化のほかに、経済の衰退、すなわ

表1　オハイオ州の主要都市および都市圏人口の推移

		アクロン	クリーブランド	コロンバス	シンシナティ
市のピーク人口	人口	290,351人	914,808人	増加中	503,998人
	年	1960年	1950年		1950年
市人口	1980年	237,177人	573,822人	564,871人	385,460人
	2000年	217,074人	478,403人	711,470人	331,285人
	2015年	197,542人	388,072人	850,106人	298,550人
都市圏人口	1980年	667,057人	2,173,734人	1,270,313人	1,753,801人
	2000年	694,960人	2,148,143人	1,612,694人	2,009,632人
	2015年	704,243人	2,060,810人	1,957,156人	2,173,409人

		デイトン	トリード	ヤングスタウン
市のピーク人口	人口	262,332人	383,818人	170,002人
	年	1960年	1970年	1930年
市人口	1980年	193,536人	354,635人	115,427人
	2000年	166,179人	313,619人	82,026人
	2015年	140,599人	279,789人	64,628人
都市圏人口	1980年	830,070人	656,940人	659,649人
	2000年	848,153人	659,188人	602,964人
	2015年	842,238人	646,833人	549,885人

（出典：連邦国勢調査庁のホームページ）

ち雇用の減少が大きい。さらに、最近では、サブプライムローンの破綻による抵当融資滞納差押え（foreclosure）が、ミシガン州、カリフォルニア州、ネバタ州、フロリダ州とともにオハイオ州でも極めて多く、人口減少に拍車をかけている。なお、カリフォルニア州、ネバタ州、フロリダ州の抵当融資滞納差押えの住宅は市場回復の期待から投機の対象になりうるが、オハイオ州では、近年の住宅市場の弱さから判断するとその可能性はあまり考えられない。抵当融資滞納差押えは減少し、２０１８年の件数は前年比４・７％減の３万３５２７件になったものの、依然として、直近30年間で最も少なかった１９９０年代半ばの２倍の水準である。[*1]

オハイオ州の各都市は20世紀前半から成長したため、表２に示すように築年数の経過した住宅が多い。アメリカの住宅の平均寿命は44年と言われているが、[*2] １９６９年以前の住宅は、クリーブランド市、デイトン市、ヤングスタウン市で80％以上を占めている。対して、２０００年以降に建設された住宅は、コロンバス市を除いて各市とも全住宅数の６％以下であり、新築の住宅市場は極めて弱い。

人口減少は様々な問題を地域にもたらすが、最大の問題の一つが空き家の増加である。転入者を受け入れるために数％の空き家は必要であるが、表３に示すようにオハイオ州の主要都市の２０１５年時点の空き家率はいずれも10％以上であり、[*3] 明らかに適切な水準を超えている。なかでも、クリーブランド市、デイトン市、ヤングスタウン市は20％以上である。これらの市は、１９６９年以前に建てられた住宅が75％以上を占めており、築年数の経過した住宅ほど空き家に

表2　オハイオ州の主要都市の建築時期別住宅戸数の比率（2017年時点）

建築時期	アクロン	クリーブランド	コロンバス	シンシナティ
2000年～	4.9％	4.7％	15.8％	5.1％
1990～99年	5.1％	2.8％	15.1％	4.0％
1980～89年	5.7％	2.6％	12.8％	5.1％
1970～79年	10.0％	5.2％	15.8％	9.7％
1960～69年	11.8％	7.0％	12.1％	13.8％
1950～59年	18.0％	12.8％	11.1％	12.6％
1940～49年	10.0％	11.1％	5.2％	8.9％
～1939年	34.6％	53.7％	12.1％	40.9％
～1969年	74.4％	84.7％	40.5％	76.1％

建築時期	デイトン	トリード	ヤングスタウン
2000年～	5.0％	3.7％	2.1％
1990～99年	3.1％	4.3％	2.1％
1980～89年	3.7％	6.2％	2.0％
1970～79年	7.2％	11.8％	6.9％
1960～69年	10.4％	11.6％	10.2％
1950～59年	17.9％	18.7％	24.4％
1940～49年	13.4％	9.6％	12.8％
～1939年	39.2％	34.1％	39.4％
～1969年	81.0％	74.0％	86.8％

（出典：連邦国勢調査庁のホームページ）

表 3　オハイオ州の主要都市および都市圏の空き家の状況（2015 年）

		アクロン	クリーブランド	コロンバス	シンシナティ
住宅戸数	市	97,572 軒	212,154 軒	380,493 軒	162,398 軒
	郊外	215,562 軒	743,971 軒	425,165 軒	751,237 軒
	都市圏	313,134 軒	956,125 軒	805,658 軒	913,635 軒
空き家	市	13,888 軒	45,054 軒	45,769 軒	29,359 軒
	郊外	17,289 軒	63,463 軒	28,536 軒	64,560 軒
	都市圏	31,177 軒	108,517 軒	74,305 軒	93,919 軒
空き家率	市	14.2%	21.2%	12.0%	18.1%
	郊外	8.0%	8.5%	6.7%	8.6%
	都市圏	10.0%	11.3%	9.2%	10.3%

		デイトン	トリード	ヤングスタウン
住宅戸数	市	74,254 軒	138,473 軒	33,486 軒
	郊外	293,380 軒	162,917 軒	225,310 軒
	都市圏	367,634 軒	301,390 軒	258,796 軒
空き家	市	16,938 軒	20,942 軒	6,755 軒
	郊外	22,692 軒	19,079 軒	21,877 軒
	都市圏	39,630 軒	40,021 軒	28,632 軒
空き家率	市	22.8%	15.1%	20.2%
	郊外	7.7%	11.7%	9.7%
	都市圏	10.8%	13.3%	11.1%

注：空き家は賃貸用および売却用を含む
（出典：連邦国勢調査庁のホームページ）

なっていることが推測される。地区によっては空き家率がさらに高く、問題の深刻さがうかがえる。一方、郊外部の空き家率は6〜12％にとどまっている。

空き家や放棄住宅の増加による住宅地の衰退の根源的な原因は、住宅の老朽化と経済の衰退である。住宅の老朽化が進むと、修復費用を捻出する必要が生じる。実際、各都市の住宅地を視察した中で、費用が負担できずに修復が十分に行われず、傷んだ箇所が放置されている住宅が散見された。そのため、居住に適さない住宅が発生し、それが空き家や放棄住宅の増加につながっている。例えば、デイトン市では、同市の「不動産状況調査」（２００７年）によると、大規模修繕もしくは再建が必要な住宅が5・9％ある。

2　サブプライムローンの破綻

オハイオ州の諸都市をはじめとして製造業を中心に発展した都市では、早くから人口が減少し、空き家が多数発生していた。それに追打ちをかけたのが、サブプライムローンの破綻である。

アメリカの住宅ローン（モーゲージ）には、通常の信用度を持つ個人向けの「プライムローン」、それよりも信用度の低い個人向けの「オルトA」、さらに信用度の低い個人向けの「サブプライムローン」の3種類がある。この中で、サブプライムローンは金融機関にとって最もリスクが高いため、金利が一番高い。優遇金利の「プライム」よりも信用力が落ちるという意味で「サブプライム」と呼ばれている。

アメリカでは、サブプライムローンに限らず、初めの数年間は金利を抑えたり、支払いを金利分だけにするなどの返済方法を講じることで返済負担を軽減した住宅ローンが普及した。そのため、一般消費者が自分の返済能力以上に借り入れできるようになり、そのような貸し付けも増加した。極端なケースでは、当初の返済金額が金利分を下回っているものもあり、この場合には借り入れ金額が増えることになる。

特に、不公平で、誤解を招き、負担しきれない融資条件で、借り手の負担で貸し手が利益を得るようなローンを、「略奪的貸し付け（predatory lending）」と呼ぶ。このようなローンは、借り手を負債の連鎖に陥れる可能性があるため、連邦政府では公正な貸付法を、多くの州では略奪的ローン規制に関する法律を、それぞれ整備している。

サブプライムローンは、クレジットカードで延滞を繰り返しているなど信用力の低い個人や低所得者層を対象にしているため、通常の住宅ローンよりも債務不履行になるリスクが高い。しかし、住宅市場が活況を帯び、住宅価格が上昇している限り、返済の破綻は表面化しなかった。借り手の所得が増えずに返済に困ったとしても、住宅の値上がりにより担保余力が拡大することから、それを担保に新たな追加融資を受けることができた。これにより破綻を先延ばしすることができた。

このようにして、アメリカでは、住宅ブームを背景に２００４年頃から住宅ローン専門会社などがサブプライムローンを増やしはじめた。その融資残高は1・3兆ドル（推定額、約143兆円）に及び、住宅ローン全体の1割を占めた。[*4]

2000年代の住宅危機は、ワールド・トレード・センターのテロが発生した翌日の2001年9月12日に始まったという説がある。経済が2000年のITバブル崩壊の影響をひきずり低迷していた中で、このテロによりアメリカの消費が著しく落ち込み、当時の連邦準備銀行総裁アラン・グリーンスパンは経済恐慌を恐れた。そこで、グリーンスパンは投資を誘導するため、公定歩合を8月に3・5％に、9月に3・0％に、さらに10月には1962年以来となる2・5％まで引き下げた。このような低金利政策が、後の住宅バブルを引き起こす大きな要因になった。

実際、住宅市場の活況により、住宅価格は2000年頃から2005年頃まで上昇したが、2000年代半ばまでに、住宅システムの根底にある次のような脆さが露見した。[*5]

①従来にないハイリスクの住宅ローンの広がり
②住宅ローン借り換えなど居住費の上昇
③病気や失業などによる収入の減少
④不動産価値の低下への転換
⑤高いレバレッジの危険性（少ない手持ち資金に比べて多額の借り入れ）

その後、連邦準備銀行の政策転換による利上げと住宅ブームの沈静化（住宅価格が下落に転換）で流れが大きく変わり、2006年頃からローンを返済できなくなるケースが急増し、ついには住宅バブルが崩壊した。2006年の第一四半期から2009年の第一四半期にかけて、住宅価値は31％低下した。それと並行して、90日以上の住宅ローン返済滞納率が1・0％から3・5％に上昇、差押えプロセスに入った割合も0・5％から1・4％に増加した。*6

一方、住宅価格の大幅な下落に伴い、評価額より住宅ローンの残高の方が大きい「underwater（水面下）」という状況に陥る人が全米各地で多数現れた。経済的に無意味だと考え住宅の修繕に費用をかける人が減り、売ることもできなくなった。そのため、売却せずに転出し、金融機関が差押さえた住宅も数多く発生した。

住宅ローンの返済滞納という債務不履行後の流れは、図1に示すとおりである。不履行が解決したり、融資変更が承認されたり、ショートセールス（住宅の価値が負債よりも下回ってしまっているために、家を売っても負債を完済できない場合に用いられる売却方法の一つ）が成立すれば、空き家は生じない。また、競売で第三者が購入すれば空き家は生まれない。競売で第三者が応札しない場合には、貸し手が落札という形になり、貸し手がやむなく所有することになる。このような不動産は「抵当権者所有不動産（Real Estate Owned：ＲＥＯ）」と呼ばれている。

差押えから競売までの間は、所有者も金融機関も不動産の維持管理をしない。したがって、この期間が長くなると雑草が繁茂し、荒廃した景観になりかねない。ＲＥＯの住宅は貸し手にとっては負債であり、空き家のまま放置されることが多く、維持管理が十分に行われない可能性が高い。そのまま放置された状態が続くと、不動産価値はさらに低下し、ますます買い手が現れなくなるこ

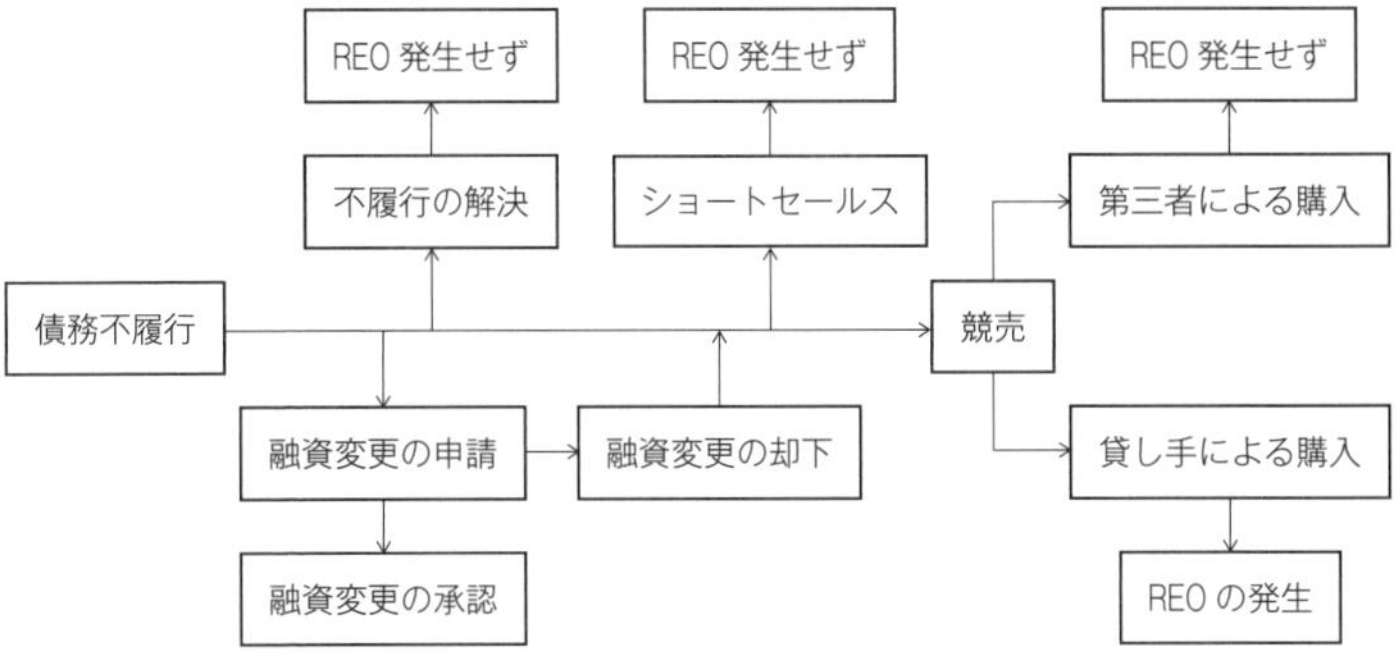

図1　抵当融資滞納差押えプロセスと抵当権者所有不動産（REO）の発生
（出典：Alan Mallach（2010）"*REO Properties, Housing Markets, and the Shadow Inventory*", *REO & Vacant Properties: Strategies for Neighborhood Stabilization*, A Joint Publication of the Federal Reserve Banks of Boston and Cleveland and the Federal Reserve Board）

とになる。

一方、税滞納による差押えの空き家は、オハイオ州では郡政府による数回の競売で落札されなければ州の管理下に置かれるが、それは誰も維持管理しないことを意味する。このようにして、かつてはアメリカン・ドリームの象徴であった住宅は、地域コミュニティにとって単なる負債になってしまうのである。

ＲＥＯの所有者は維持管理を外注することが多く、ＲＥＯが住宅条例に違反する場合には、自治体からすると誰に責任があるのかを判断することが必ずしも容易ではない。クリーブランド市では、２００４年から２００８年にかけて、ＲＥＯが１４４９軒から１万０１３３軒へと約７倍も増加し、２００８年にピークを迎えた。[*7]

他方、ＲＥＯの所有者となった金融機関は、売却を試みる際に諸経費を削減するため、個別でなくまとめて値引きして売買する。それらをまとめ買いした企業は、十分に修繕することなく第三者に再び販売する。売れ残った住宅は、固定資産税も支払われず、維持管理もされずに放棄される。

3 空き家が引き起こす問題

1 ローン利用者に生じる問題

差押えにより即座に直接的影響を受けるのは、居住者である。そこで、まずは個人レベルの問題について見てみよう。

1990年代後半、白人の住宅地におけるサブプライムローンの利用者は住宅ローン利用者全体の9%に過ぎなかったが、黒人が大半を占める住宅地では半数以上であった。[*8] また、サブプライムローンの借り手の密度は貧困層地区が最も高いが、貧困率の上昇に伴い低下する。例えば、100の大都市圏地域におけるヒスパニック系住民について見てみると、低貧困層地区で1000軒当たり28軒であったのに対して、高貧困層地区では16軒である。黒人についても同様であり、サブプライムローン問題が発生した地区は、所得の比較的高いマイノリティ住民の多い地区と言える。[*9]

抵当融資滞納差押えは、信用歴に著しく影響を与えるものであり、将来の経済的機会を奪う可能性がある。個人の信用歴は、賃貸住宅の家賃、自動車保険料の設定や、採用の重要な判断材料になる。

また、差押えを受けた人が賃貸住宅へ追いやられることで、賃貸住宅の需要が増加し、家賃の上昇を招く。家主の中には、信用歴で借り手を審査する人もいる。そのため、差押えを受けた世帯は、限られた選択肢の中で質の悪い住宅を借りざるをえない状況に陥ることもある。[*10] あるいは、差押えで住宅を失った人の中には、親戚や知人の住宅、緊急シェルターに移った人もいる。[*11]

差押えの影響は世帯主だけでなく、世帯全体、すなわち、子どもにも及ぶ。責任ある貸付推進センター（The Center for Responsible Lending）では、１９５万人以上の若年者が差押えの影響を受けており、住宅ばかりでなく友達を失い、なかには精神に支障をきたす者もおり、学力の低下も見られると指摘している。[*12]

2　賃貸住宅居住者に生じる問題

差押えの対象は持ち家だけに限らず、賃貸住宅にも及ぶ。賃貸住宅の所有者が、何らかの理由で住宅ローンの返済をできなくなった場合や意図的に行わなかった場合には差押えが行われる。その際には所有者が代わることになるため、従来の賃貸契約は破棄される。

差押えを受けた賃貸住宅の居住者は、立退きを要求されることになる。元の家主は金銭面で問題を抱えているため、家賃も保証金も戻ってこない。立退きに従わないと裁判にかけられ、その記録が残る。居住者はそのような記録が信用歴に影響することを懸念し、新たな賃貸住宅の確保が難しくなることを恐れ、泣き寝入りのような状態で引っ越しせざるをえない。最悪の場合には、路上生活者に転落する。実際、差押えになった賃貸住宅の居住者は路上生活者になるリスクが特に高いという報告もある。[*13] とりわけ、農村部の賃借人はアメリカの中で最も貧しく、最も質の低い住宅に居住していると言われており、そのような住宅から追い出された場合には新たな住まいを確保することは極めて難しく、路上生活を余儀なくされることになる。それに伴い、そういった人たちを収容する施設が満杯になる。[*14]

このような問題に対応するため、シカゴ市では、市民運動家が退去の告知期間を120日に延長する州法の成立を働きかけた。[*15] さらに、2009年には、「連邦住宅救済法 (Helping Families Save Their Home Act)」が制定された。この法律により、差押えになった場合、賃借人に対して退去の告知は少なくとも90日前にしなければならないこと、差押え前に入居した場合、当該不動産が購入者の主な住居にならない限り賃貸契約が終了するまで居住できることが定められた。しかし、これらの条項は2014年末に廃止された。

3　地域コミュニティに生じる問題

差押えは、より価値の低い住宅や賃料の安い賃貸住宅、低所得者・低学歴者の多い住宅地に対して、それ以外の住宅地以上の悪影響を及ぼす。しかし、差押えの影響を最も受けるのは、最貧困層地区ではなく、中位程度の所得階層からなる住宅地である。かつて、住宅の所有は住宅地の安定に貢献すると考えられていたが、住宅ローンなどの条件緩和により効果はプラスからマイナスへと逆転した。そのため、住宅の中には、住民にとっても地域コミュニティにとっても深刻な負債となるものも出現するようになった。加えて、差押え率の高いコミュニティは互いに近接している傾向が見られ、悪影響をさらに強めあっている。

空き家や放棄住宅の増加は、中所得者の継続的な転出に直結する。住民の転出により、それまで築かれてきた地域の人間関係が弱体化し、やがて崩壊する。それが、さらなる転出につながる（図2）。

住宅ローンの返済も固定資産税の支払いも滞るということは、住宅の維持管理の費用の捻出も難しい状態にあることを意味している。住宅も庭も維持管理の状態が悪くなり、住宅地の衰退そして荒廃を招くことになる。空き家の敷地や空き地にはゴミが放置され、雑草が繁茂し、荒廃した景観となる。それにより住宅地の魅力が低下するとともに、コミュニティの誇りも失われる。そうして、他の居住者も住宅の維持管理に対するモチベーションが低下し、住宅地の荒廃が一層進む。そして、特定地区の貧困率が高まるようになる。

住民の流出は、コミュニティショップと呼ばれる地区

写真1　放置された空き家（コロンバス市）

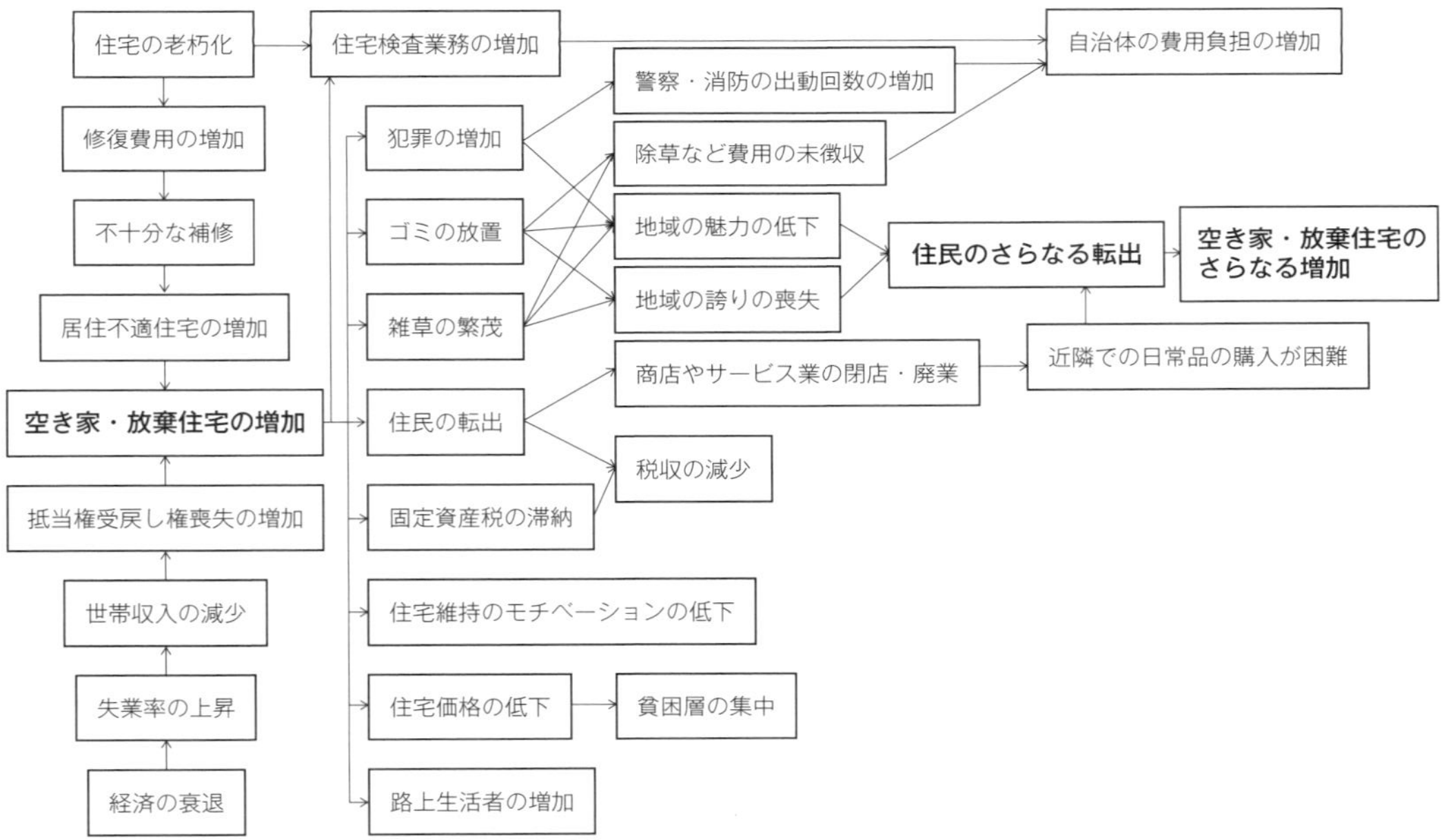

図２　空き家・放棄住宅の増加の原因とその影響
（出典：平修久・吉川富夫・西浦定継・保井美樹・斉藤麻人（2010）「アメリカの人口減少都市における住宅地再生への取組み」『聖学院大学論叢』23巻1号を一部修正）

内の商店にとっては顧客の減少を意味し、最悪の場合には閉店せざるをえない状況になる。このような店舗は、住民のたまり場・情報交換の場として機能していたが、買い物の利便性とともに消失する。

当然ながら、このような住宅地では住宅需要が低下することから、不動産価格が低下する。例え

写真2　閉店したコミュニティショップ（クリーブランド市）

写真3　火災にあった空き家（ヤングスタウン市）

ば、シカゴ市で1997〜98年に差押えられた3750軒のデータを用いた分析によると、半径約200メートル内のエリア内での新規差押えは住宅価格を0・9％低下させるという結果が報告されている。*16

差押えにより空き家が増え、住民が減ると、不審者に対する住民の目が届きにくくなり、地域コミュニティにとっては安全面の問題が生じることになる。まずは、空き家が麻薬取引や売春などの犯罪に利用され、住宅地の治安が悪化する。差押え率が1％上昇すると、暴力犯罪が2％、窃盗が10％増加するという分析結果も見られる。*17 空き家の多いデイトン市における人口1万人当たりの逮捕件数（2008年）を州全体と比較すると、重犯罪が1・7倍、麻薬犯罪が2・3倍である。*18

加えて、放火の危険性も増す。放火魔にとっては、居住者のいる住宅よりも空き家の方が心理的抵抗が小さく、放火を働きやすいという説もある。連邦消防庁では、2006〜08年に発生した空き家の火災は毎年2万8000件に及ぶと推計している。*19

4　セルフ・ガバナンスに生じる問題

近年、自治意識に目覚めた市民の増加と、財政状況の悪化という行政側の事情とがあいまって、「行政と議会が独占するガバメント」から「多様な主体が関わるガバナンス」へと統治形態が移行しつつあることが、歴史の必然として認識されている。そして、一般に、ガバナンスは進化すると信じられている。こういった考え方は、市民生活および企業活動の向上・安定・持続という前提の上に成立している。

住宅地の維持管理は、ガバナンスという言葉が頻繁に使用される以前から居住者主体で行われてきた。個々の住宅は各所有者の責任で維持管理され、住宅地は町内会・自治会といった地縁組織が居住者の参加を得て維持管理することが一般的である。対して、行政はゴミの回収等のサービスを提供する脇役である。

アメリカでは自由を尊重する一方で、古くから「ニューサンス（一般的生活妨害）」に関する条例が定められてきた（ニューサンスの概念については3章1節1項を参照）。ニューサンスには、建築物の構造に関するものと建築物の使用に関するものの2種類がある。老朽化した住宅から構造に関するニューサンスが生じ、住宅や庭の維持管理がなされていないことからは使用に関するニューサンスが発生する。空き家の放置は両方のニューサンスを生み出すことにつながっており、それは責任の放棄、責任からの逃避とも言える。言い換えれば、セルフ・ガバナンスの崩壊である。

ガバナンスがきちんと機能していれば、その担い手が関係するマイナス要素は内部で除去されるが、ニューサンスは外部不経済であり、ガバナンスと相反するものである。これらのニューサンスは条例違反ではあるものの、それを認識している市民がどの程度いるのかは定かではない。認識していたとしても維持管理費よりも罰金の方が安いことが多いため、空き家は放置されたままになっている。

セルフ・ガバナンスが崩壊すると、行政の介入が必要となる。介入形態の一つとして「条例執行の強化（code enforcement）」がある。これは、公権力を用いて主権者たる市民を統制することを意味している。例えば、ヤングスタウン市には住宅除去・住宅条例執行部、トリード市にはコミュニティ部条例執行課という部署が設置されている。それらの部署には、市民の健康や安全の維持、不動産の保全を目的とした居住制限を執行する権限が与えられている。

別の介入形態として各市で実施されているのが、「行政による代執行」である。その範囲は、空き家の封鎖、雑草の除去、住宅の取り壊しにまで及ぶ。これらはまさしく、ガバナンスからガバメントへの後退を意味している。

5　市街地に生じる問題

住宅が除去されると、広大な空き地が発生する。住宅などの開発可能性がない地区ではそのまま放棄され、市街地の縮退につながることになる。

ヤングスタウン市のオークヒル地区では、郊外部の戸建て住宅地開発を進めていた最中に住宅需要が低下したために、造成された宅地に住宅が建設されず、加えて建設された住宅も取り壊されるという事態に陥り、市街地の縮退が進んでいる。自治体としても、同地区に対する公共投資は抑制している。

また、同市では、住宅が除去された街区に通じる道路を廃道にして、道路の維持管理費の削減も図っている。

コラム ヤングスタウン市の自発的転居プログラム

ヤングスタウン市では、２００７年に、当時の市長が特定地区への公的サービスを提供しな

写真４　閉鎖された道路（ヤングスタウン市）

写真５　縮退した市街地（ヤングスタウン市）

いという方針を打ち出し、当該地区の居住者が他の地区へ転居する際に金銭的支援を行うプログラムを策定した。より人口密度の高い地区への自発的転居を促し、転居元の地区に公共投資を行わないことが狙いであった。所得が地区中央値[*20]の80％以下の住民を対象としており、移転先は市内に限定するが、転居先の地区は指定していない。

数件の問い合わせがあり、うち1件のみ支援を行うことで話が進みかけたが、該当の居住者が病気で介護施設に転居することになったため、2009年時点では実績がない。一方、正式な政策として位置づけられていないため、市としては積極的に転居者を探すことは行っていない。

ユニークな施策であり、市職員の話によると、同様のプログラムはオハイオ州内の他の市では実施されていないだろうとのことであった。

6 自治体に生じる問題

空き家・空き地に関する問題は、最終的に自治体に苦情が寄せられ、対応を迫られることになる。対応策としては、住宅の維持管理の基準を条例で定め、条例に違反している場合に改善命令を出すことが一般的である。命令に従わなければ、違反者に罰金を科したり、行政代執行を行うことで対処する。行政代執行を実施した場合には、費用を所有者に請求するものの、その回収率は極めて低いのが現状である。加えて、これらの業務に携わる人件費はかなりの額にのぼる。さらには、

表4　シカゴ市における住宅差押えの費用

シナリオ ／ 措置・費用	A	B	C	D	E
	空き家・封鎖	**空き家・非封鎖・保存**	**空き家・非封鎖・除去**	**空き家・非封鎖・放棄**	**放棄・火災被害**
1軒当たりの費用	430ドル（約4.7万円）	5,358ドル（約59万円）	13,452ドル（約148万円）	19,227ドル（約211万円）	34,199ドル（約376万円）
訴訟手続き	■	■	■	■	■
裁判所の費用、販売・新規所有者の登録	■	■	■		
住宅検査、維持管理など	■	■	■	■	■
窓等の板張り封鎖の告知		■	■	■	■
窓等の板張り封鎖、関連費用の先取特権の設定		■			
公聴会の開催		■			
通報への警察対応			■	■	■
除去の告知			■	■	
除去、関連費用の先取特権の設定			■	■	
住宅除去による固定資産税の減収			■	■	■
住宅除去訴訟の準備等					■
固定資産税・電力税・ガス税の未回収				■	■
水道料金・草刈り・ゴミ収集費用の未回収				■	■
消防					■

注：■は費用でカバーされる取り組みを表す
（出典：William C. Apgar & Mark Duda (2005) *The Municipal Impact of Today's Mortgage Foreclosure Boom*, Homeownership Preservation Foundation）

表5　住宅の差押え費用の推定額

関係者	1件当たりの推定費用	資料
所有者	7,200ドル（約79万円）	Anna Moreno (1995) *The Cost of Mortgage Foreclosure Prevention*, Minneapolis Family Housing Fund
融資者	50,000ドル（約550万円）	Desiree Hatcher (2006) "Foreclosure Alternatives: A Case Study for Preserving Homeownership", *Profitwise News and Views*
自治体	19,227ドル（約212万円）	差押え完了以前に放棄された場合。William C. Apgar & Mark Duda (2005) *Collateral Damage: The Municipal Impact of Today's Foreclosure Boom*, Homeownership Preservation Foundation
隣接不動産所有者	1,508ドル（約17万円）	2005年の全米住宅価格の中央値167,500ドル（約1,842万円）が年率0.9％で減額すると仮定。Dan Immergluck & Geoff Smith (2006) "The External Costs of Foreclosure: The Impact of Single-Family Mortgage Foreclosures on Property Values", *Housing Policy Debate*, 17 (1)
計	77,935ドル（約857万円）	

（出典：U.S. Senate Joint Economic Committee, *Sheltering Neighborhoods from the Subprime Foreclosure Storm*）

本来得られるはずの税収も減少する。

罰則の例としては、２０１０年にクリーブランド市の住宅裁判所が、不動産の放棄に対して１３００万ドル（約14億円）の罰金を科したという事例がある。一方で、クリーブランド市は、１５３軒の住宅除去に１２０万ドル（約１億３０００万円）、雑草の刈取りとゴミの除去に３３０万ドル（約３億６０００万円）、空き家の火災に１００万ドル（約１億１０００万円）を支出し、さらに税金の滞納により３０７０万ドル（約33億円）の歳入減になったという報告もある。*21

また、シカゴ市の場合を見てみる

と、住宅の差押えには10以上の市と郡の機関が関わっており、その手続きはかなり複雑である。自治体が負担する差押え費用はシナリオによって異なり、封鎖された空き家であれば430ドル（約4万7000円）で済むが、放棄されたり封鎖されていない場合には費用は高額になり、放火された場合には3万ドル（約330万円）以上の負担になる（表4）。

写真6　パトカーによる空き家の巡回（シラキュース市）

　他方、住宅の差押えは自治体以外の関係者にも費用負担を強いることになる。その費用に関する連邦議会の調査結果を表5に示す。所有者の負担額は7200ドル（約79万円）で、ここには家族への精神的負担などは含まれていない。融資者は手続きに必要となる弁護士費用がかかるため、5万ドル（約550万円）と負担が大きい。そのため、正式な差押え手続きに入らないまま放置する事例も見られる。また、差押えられた住宅に隣接する不動産所有者には、不動産価格の低下という負担が発生する。さらに自治体の費用も含めると、差押え1件当たり合計約8万ドル（約880万円）の費用がかかると推定されている。

　2006年度のデイトン市における空き家問題対策の費用を一覧にしたものを表6に示す。住宅の検査・除去・

表6　デイトン市における空き家問題対策費用の推計（2006年度）

経費のタイプ	内訳	行政費用	平均単価
空き家・放棄住宅の検査	職員の人件費（44人） 検査経費	1,722,879ドル （約1億9,000万円）	—
住宅除去（2006年）	158軒	716,278ドル （約7,900万円）	4,533ドル （約50万円）
玄関･窓の板張り封鎖（2006年）	658軒	115,399ドル （約1,300万円）	175ドル （約2万円）
除草・ゴミ回収（2007年）	5,894区画	787,100ドル （約8,700万円）	133ドル （約1万5,000円）
警察	2,557回の通報への対応	46,998ドル （約520万円）	18.38ドル （約2,000円）
消防（2006年）	86件の火災	430,000ドル （約4,700万円）	5,000ドル （約55万円）
除去による固定資産税の減額（2006年）	127軒	89,535ドル （約980万円）	705ドル （約7万7,000円）
固定資産税の滞納（2006年）	空家・放棄住宅1,078軒	8,673,867ドル （約9億5,000万円）	2,770ドル （約30万円）
	空地・放棄地1,996区画		2,850ドル （約31万円）
計		12,582,056ドル （約13億8,400万円）	
費用の回収分		167,000ドル （約1,800万円）	
純合計費用		12,415,056ドル （約13億6,600万円）	

（出典：Community Research Partners and ReBuild Ohio（2008）*$60 Million and Counting: The cost of vacant and abandoned properties to eight Ohio cities*）

封鎖、除草、ゴミ回収に関する未回収分および警察・消防の経費として約382万ドル（約4億2千万円）、除去に伴う固定資産税の減収と未徴収額として約876万ドル（約9億6300万円）にのぼる。回収額を差し引いても、合計して年間で約1241万ドル（約14億円）もの純費用が生じており、市の財政を圧迫していることが見てとれる。この額は、2007年度予算1億7330万ドル（190億円）の7・2％に及ぶ。

4　各自治体の住宅関連条例

1　条例の階層構造

アメリカは連邦国家であるため、地方自治制度は州による違いが大きい。日本と異なり、州政府に対する個々の自治体の独立性も高く、各自治体はホームルールに基づいて独自の条例を制定している。当然ながら、条例の構成も各自治体によって異なる。また、議会への上程時点では議案名として個別の条例の呼び名がつけられていても、市全体の条例の一つのピースとして組み込まれる。例えば、庭木の維持管理に関する条例議案が制定された場合であれば、住宅という章に統合される。日本の自治体にも同等のものが存在し、ホームページの例規集（条例や規則などのデータベース）で検索することができるが、一般にアメリカでは議案段階の条例名では検索できない。さらに、条例のデータ

	アクロン	クリーブランド	コロンバス	シンシナティ	デイトン	トリード	ヤングスタウン
退去命令	住宅	住宅	×	住宅	住宅 危険住宅 N住宅	住宅 空き家	危険住宅
条例違反等の掲示	住宅	住宅	N住宅	×	危険住宅	×	住宅 危険住宅
退去後の安全確保	×	×	危険住宅	×	N住宅	N住宅	危険住宅
行政代執行	住宅 草 N住宅	住宅 草 N住宅	N住宅	草 空き家	住宅 草 危険住宅 N住宅	住宅 草 N住宅	草 登録空き家 危険住宅
第三者による代執行	×	×	×	草	×	×	×
行政代執行の費用回収	住宅 草	住宅 草	N住宅	草	住宅 草 N住宅	住宅 草 N住宅	草 登録空き家 危険住宅
不服申立て	住宅 草	住宅 草 N住宅	住宅 N住宅	草	住宅 登録き空家 N住宅	草 登録空き家 N住宅	住宅 草 登録空き家 危険住宅
司法手続き	×	×	×	住宅	×	×	×
緊急対応	住宅 草	住宅	N住宅	空き家	住宅 危険住宅	N住宅	危険住宅
譲渡時の義務	住宅	住宅	×	×	空き家 N住宅	N住宅	住宅
罰則	住宅 草	住宅 草 N住宅	登録空き家 N住宅	住宅 草 空き家 登録空き家	住宅 草 登録空き家	住宅 草 空き家 登録空き家 N住宅	住宅 草 登録空き家 危険住宅
空き家登録制度	×	×	放棄住宅	空き家	空き家	空き家	空き家

表7　オハイオ州7市における空き家・空き地関連条例の制定内容

	アクロン	クリーブランド	コロンバス	シンシナティ	デイトン	トリード	ヤングスタウン
維持管理基準	住宅 草	住宅 草	空き家 草	住宅 登録空き家 草	住宅 空き家 登録空き家 草	住宅 空き家 登録空き家 草	住宅 草
危険住宅の定義	×	×	×	×	住宅	×	住宅
放棄住宅の定義	×	×	×	住宅	×	×	×
ニューサンスの定義	×	草	住宅	荒廃住宅	住宅	住宅 草	草
ニューサンスの宣言	住宅	草	×	住宅	住宅	住宅 草	草
担当者の権限	住宅	×	住宅	草	住宅	住宅	住宅
立入調査	住宅 草 N住宅	住宅 草 N住宅	住宅 N住宅	×	住宅	住宅 N住宅	住宅
調査員の免責	×	×	住宅	×	住宅	×	住宅
事情聴取	住宅	×	N住宅	住宅	×	×	×
改善命令	住宅 草	空き地	草 危険住宅	住宅 草 空き家	住宅 草	住宅 草 空き家	草
修繕・除去命令	N住宅	N住宅	N住宅	住宅	N住宅	N住宅	×
住宅使用禁止	住宅	×	N住宅	住宅	住宅 N住宅	×	×
電気・水道等の供給停止	×	×	居住不適住宅 空き家 危険住宅	×	×	×	×

注1：草は庭木や屋外空間全般を含む
注2：「N住宅」はニューサンスと判定された住宅を表す
（出典：平修久（2018）「アメリカにおける空き家対策（一）―先進的な取組みに学ぶ」『自治研究』vol.94、No.4、第一法規）

ベースのシステムは州によって異なり、自治体のホームページとは別に存在にすることが多い。

条例の体系としては、日本では編・章・節・款・目という階層が用いられることが一般的であるが、後述するオハイオ州の7市を見ても階層は統一されていない。最も上位の階層の数を見ても、クリーブランド市が6編であるのに対し、コロンバス市は24編で4倍もの開きがある。日本においては、編や章の階層に関して自治体間で相違はあまり見られないが、アメリカの場合にはそこにも各自治体の個性が見られる。

2 住宅関連条例の制定状況

空き家および空き地の上位概念である住宅に関する章は、市民生活の基礎の一つであるため、表7に示したオハイオ州7市のうちヤングスタウン市を除いて条例に設けられている。

空き家・空き地の措置に対する必要性の判断基準となるニューサンス（一般生活妨害）について見てみると、各市とも二つ以上の箇所で規定されているが、条例の階層の中の位置づけや上位の項目は市によって異なる。アクロン市、クリーブランド市、コロンバス市、シンシナティ市、トリード市、ヤングスタウン市では健康や衛生の一項目として位置づけられている。

オハイオ州7市における空き家・空き地に関する条例の制定内容は、表7に示すとおりである。すべての市で制定されている項目は、維持管理基準、改善命令、行政代執行、行政代執行の費用回収、不服申立て、罰則である。これらついては次章以降に詳細を記述するが、住宅全般、空き家、危険住宅、ニューサンスの住宅、荒廃住宅、居住不適住宅に分類されて条文が記述されている。

比較的数多くの項目が制定されているデイトン市の条例制定年を見ると、庭木に関する規定が１９２６年に制定されており、古くから住宅の維持管理等の推進に取り組んできたことがわかる。その後、雑草、住宅の条例違反に関する各種措置、ニューサンス、空き家登録制度などに関する条例が追加された。罰則に関しては、１９８０年以降に定められた。

注

＊1 Policy Matters Ohio (2019) *Ohio foreclosures fall in 2018*

＊2 『平成8年 建設白書』（建設省）によると、日本の住宅の平均寿命が26年に対して、アメリカのそれは44年である。

＊3 筆者が２０１０年に実施した、埼玉県内の戸建て住宅団地の自治会長を対象にしたアンケート調査では、空き家や空き地の比率が10％以上になるとかなり多いという感覚になるという結果が得られた。

＊4 iFinanceのホームページ http://www.ifinance.ne.jp/glossary/world/wor033.html

＊5 Michael Stone (2011) "Housing and the Financial Crisis: What Happened, What to Do About It," C. Niedt, & M. Silver, *Forging a New Housing Policy: Opportunity in the Wake of Crisis*, Hofstra University

＊6 Paul A. Joice (2011) "Neighborhood Stabilization Program," *Cityscape (A Journal of Policy Development and Research)*, Vol.13, No.1

＊7 Claudia Coulton, Michael Schramm & April Hirsh (2010) "REO and Beyond: The Aftermath of the Foreclosure Crisis in Cuyahoga County, Ohio," *REO & Vacant Properties Strategies for Neighborhood Stabilization*, A Joint Publication of the Federal Reserve Banks of Boston and Cleveland and the Federal Reserve Board

＊8 James Carr & Jenny Schuetz (2001) *Financial Services in Distressed Communities: Framing the Issue, Finding Solutions*, Progressive Policy Institute

＊9 G. Thomas Kingsley, Robin Smith & David Price (2009) *The Impacts of Foreclosures on Families and Communities*, The Urban Institute

＊10 Dan Immergluck (2008) *Community Response to the Foreclosure Crisis: Thoughts on Local Interventions*, Institute of Urban and Regional Development UC Berkeley

＊11　National Coalition for the Homeless (2009) *Foreclosure to Homelessness 2009: the Forgotten Victims of the Subprime Crisis*

＊12　Phillip Lovell & Julia Isaacs (2008) "The Impact of the Mortgage Crisis on Children," *FIRST FOCUS*

＊13　前掲＊11

＊14　トリード市へのインタビュー調査、２００９年８月27日

＊15　前掲＊10

＊16　Dan Immergluck & Geoff Smith (2006) "The External Cost of Foreclosure: The Impact of Single-Family Mortgage Foreclosures on Property Values," *Housing Policy Debate*,17 (6)

＊17　Dan Immergluck & Geoff Smith (2006) "The Impact of Single-family Mortgage Foreclosures on Neighborhood Crime," Housing Studies, 21 (6)

＊18　オハイオ州警察の統計データ (http://statepatrol.ohio.gov/doc/2008_operational.pdf）をもとに算定。

＊19　United States Department of Housing and Urban Development (2014) *Strategies for Vacant and Abandoned Properties – HUD Study Set*

＊20　平均値がデータの総合計をデータの個数で割った値であるのに対して、中央値は、データを小さい（または大きい）順に並べ、真ん中に来る値のことを指す。所得や住宅販売価格などで一部に富裕層・高額物件が存在する際には、平均値が引き上げられることがあり、これを代表的な値として使いにくいことから、データの分布に偏りがある場合のデータを代表する値として中央値を用いることが多い。

＊21　Community Research Partners (2008) *$60 million and counting: The cost of vacant and abandoned properties to eight Ohio cities*

2章

空き家を発生させない
住宅の維持管理

住宅は適切な維持管理がなされなければ老朽化し、物理的な危険が増加し、居住者の転出を招く要因となる。それゆえ、住宅を適切に維持管理することは、空き家発生の根本的な防止・抑制策である。すなわち、空き家問題の原因対策に相当する。

アメリカの自治体では、一般住宅の維持管理基準について条例でかなり詳細に定めている。そこで本章では、空き家問題が深刻なオハイオ州デイトン市を中心に、同州のアクロン市、クリーブランド市、コロンバス市、シンシナティ市、トリード市、ヤングスタウン市、さらには東海岸のフィラデルフィア市とボルティモア市の制度を参照し、アメリカの住宅の維持管理政策について概観する。

まず、一般住宅の管理基準に触れ（1節）、それをもとに一般の空き家と抵当融資滞納差押えを受けた空き家の管理基準を記述する（2節）。次に、建造物以外の庭・庭木・芝の維持管理（3節）、条例違反の罰則（4節）について言及する。続いて、自治体が実施している対策として、空き地の維持管理に関する代執行（5節）と空き家登録制度（6節）について述べる。また、ユニークな対策として、シンシナティ市の空き家維持管理ライセンス制度を紹介する（7節）。

1　一般住宅の管理基準

デイトン市では、住宅条例の中で「すべての住宅は、防寒・防暑・防水およびネズミに対する耐性を備え、居住に適するとともに、近隣に悪影響を及ぼさないように良好で安全な状態に建設・維持されなければならない」と規定している。そして、基礎、窓、外壁、ドア、屋根、雨樋、煙突、ポーチ、地下室、屋内、立木、外部空間ごとに、定性的な管理基準を定めている。条文の中では、周辺への影響にも言及しており、適切な維持管理が個々の住宅だけではなく地域にとっても必要であると捉えていることがうかがえる。

これらのことは、日本では言わずもがなのことと思われる。それに対して、住宅の維持管理に関してこのように条例で規定されていることは、アメリカで住宅が必ずしも適切に維持管理されておらず、深刻な地域問題の一つになっていることを暗に示している。実際、これらの条例や基準をもとに住宅検査や行政措置が実施されている。

2　空き家の管理基準

1　一般の空き家の維持管理基準

デイトン市では、空き家の維持管理基準を、「一般の空き家」と「抵当融資滞納差押えを受けた空き家」に区分して別々に条例で規定している。

デイトン市では、空き家の維持管理基準に関しても、一般住宅のそれと同様に「防寒・防暑・防水性能を維持し、基礎、外床、壁、屋根、テラス等を良好で安全な状態に保たねばならない」と規定している。個別の定性的な管理基準についても、不審者の侵入を防ぐために窓をベニヤ板で塞ぐこと以外は一般住宅と同じ内容である。維持管理の目的は一般住宅よりも幅広く、ネズミ等の繁殖、不法侵入、老朽化の防止、危険または非衛生的な状況の除去、周辺の住宅価格の維持というような衛生面・防犯面・安全面の項目に加えて、資産価値の維持も含まれている。かつてのアメリカでは住宅の価格は上がるものという神話が多くの人々の間で信じられ、実際にそのような現象がある期間続いたため、資産価値の維持も住宅の維持管理の目的に含まれている。

一方、コロンバス市では、空き建造物の維持管理に関して、次のように条例で定めている。

①窓・ドアなどのすべての開口部を、厚さ1・2センチ以上の耐気候性のCDX合板（カナダ針葉樹合板）でしっかりと封鎖する

②CDX合板は、適切な長さのメッキされたボルトか長さ5センチのメッキされたネジで固定し、外壁と同じような色で塗装する

③屋根と屋根の水切り板は雨漏りがないようにする。屋根をビニールシートなどで覆ってはならない

④すべての落書きを消す

⑤建造物の内部・外部の衛生および草・雑草の高さは基準を満たすよう維持管理する

雑草の繁茂や落書きは荒廃を示すものであり、さらなる雑草の繁茂や落書きを招くおそれも多いため、それらへの対応も条例に盛り込んでいる。

これらの維持管理基準が遵守されているか否かについては、各自治体の調査官が定期的にチェックを行っている。遵守されていない場合には、改善命令が出されたり、罰金が科される。

フィラデルフィア市では、ドアおよび窓に関する条例の中で、75％以上の宅地に居住者がいる街区において空き家のドアもしくは窓が破損している場合には1日・1カ所につき300ドル（約3万3000円）の罰金を科すことを2011年に定めた。この条例をめぐって訴訟が起こされ、下級裁判所は、単に美観を改善するだけであり、公権力の範囲を逸脱していると市に申し渡した。その後、州最高裁判所が、住宅地の景観の改善は犯罪の減少、住民のモラルの向上、ビジネスの誘致に有効であるとして、判決を覆し市が2018年に勝訴した。[*1] 1日・1カ所につき300ドルという金額は、この種の違反に対する罰金としては高額と思われるが、取り組みに向けた市としての強い意思を表している。

写真１　玄関と窓を合板で封鎖された空き家（クリーブランド市）

2　抵当融資滞納差押えを受けた空き家の維持管理基準

空き家の中には、保安上の危険等の問題を有するものがある一方で、特に問題のないものもある。抵当融資滞納差押えを受けた物件は、直近まで使用されていたものが大半で、保安上の危険性が比較的小さい。そこで、デイトン市では空き家による景観悪化などの問題の発生を抑えるため、一般の空き家とは別に、抵当融資滞納差押えを受けた空き家が空き家と認知されないように、抵当債権者に対して次のことを住宅条例で義務づけている。

①芝生等の草は高さ20センチ未満に保つ
②廃棄物等を除去する
③施錠する
④公道から見えるドアや窓は板で覆わない

これらのことを守らなかった場合には、居住者のいる住宅および抵当融資滞納差押えを受けている物件以外の空き家とは異なる非刑事的違反（civil violation／違反に対して刑罰が科されないもの）となり、1000ドル（約11万円）以下の過料が科される。抵当融資滞納差押えを受けた物件は放置すると住宅地の衰退等を引き起こしやすいため、過料についても厳しく設定している。

また、空き家を一律に板で封鎖すると、住宅地全体の景観を一層損なうことになりかねない。板張りで封鎖された住宅が1軒でもあると街区のイメージが損なわれるため、空き家が認知されないことは大きな意味がある。空き家の状態に応じた維持管理基準の設定は複雑さを増すことになるが、住宅地全体の衰退を防ぐための一つの知恵でもある。

3 庭・庭木・芝の維持管理基準

不動産から発生しうる外部不経済の原因には、住宅だけでなく、庭に植えられた植物や放置された廃棄物も含まれる。

デイトン市では、皮膚への被害、花粉症、アレルギーなどの健康被害が発生するおそれのある植物などについて、有害植物として具体名を挙げて植栽を禁止したり、除去することを条例で規定している。また、アクロン市では、それらの条項に加えて、植栽禁止植物を告知後5日以内に除草することも義務づけている。

草本が繁茂すると害虫が増加し、健康被害を誘発するおそれがあるため、草の高さについても上限が条例で定めている。その基準は、デイトン市・アクロン市・クリーブランド市・トリード市・ヤングスタウン市では20センチ未満、シンシナティ市では25センチ未満、コロンバス市では30センチ未満と、自治体によって多少の違いが見られる。デイトン市・クリーブランド市・トリード市・ヤングスタウン市では、この基準を超えた場合には「ニューサンス（一般的生活妨害）」とみなす。ニューサンスと判断した場合、デイトン市では、所管する部の部長名で、違反者に対して5日以内に草刈りをすることを命じる。

また、デイトン市では、庭木に関して、街灯の照明を妨害しないように剪定すること、最も低い枝が道路面から4メートル以上離れていること、枯れた枝や折れた枝が道路に落下しないように取り除くことを規定している。一方、ヤングスタウン市では、植物が敷地境界を超えて道路や公共用地に覆いかぶさり、交通の妨げや健康面・安全面・福祉面で悪影響を引き起こしている場合に公的ニューサンスを宣告する。

加えて、デイトン市では、屋外のゴミの堆積や放置についても条例で禁止している。さらに、クリーブランド市やトリード市では、蚊の発生を防止するために屋外の溜まり水の放置の禁止についても条例で定めている。

これらの基準の遵守を促すため、デイトン市では「庭の維持管理基準（Neighborhood Yard Standards）」というパンフレットを作成し、12のチェックリストを市民に提示している。

4　条例違反に対する罰則

以上の維持管理基準を遵守しない場合には条例違反となり、それに対しては罰則を定めている。ただし、その軽重は自治体により異なる。

雑草の刈取りを行わない場合、デイトン市では第4級の軽罪（情状酌量の余地のある最も罪責の軽い刑事的違反）に該当し、30日以下の拘留または250ドル（約2万7500円）以下の罰金あるいは両方を科す。

クリーブランド市では、第1級の軽罪に相当し、150ドル（約1万6500円）以下の罰金を科す。なお、2回目以降の違反については罰則が厳しくなり、1000ドル（約11万円）以下の罰金もしくは6カ月以内の禁錮、あるいは両方を科す。

シンシナティ市でも、草本の高さ違反に関して、1回目はC1クラス、2回目はDクラス、3回目はEクラス、それ以上はE1クラスの非刑事的違反（秩序罰）に該当するものとして扱っており、[*2]違反を繰り返すと処罰をより厳しくするシステムを設けている（秩序罰については3章12節を参照）。徴収した罰金は、雑草除去基金にプールする。

さらに、条例違反の通告の受領後7日以内に草刈りを行わなかった場合には、条例において次のようなかなり厳しい処分の実施を定めている。

①不動産は放棄不動産とみなす
②高さ15センチ以上の草を放置した場合には、連続条例違反と判断する
③連続条例違反を放棄不動産で発見した場合、罰金に加え、市は条例違反改善の代執行を行う
④放棄不動産は、市の維持管理対象とする
⑤放棄不動産とみなされた場合、所有者等が連続条例違反の罰金の支払いを避けるためには、シ

ティ・マネージャーに連絡し、除去計画の承認申請を行わなければならない

他の市においても、シンシナティ市と同様に、所有者が指定された期日以内に有害な草本の除去や雑草の草刈りをしない場合には、自治体が代執行を行い、経費は所有者・居住者あるいは管理者に請求する。経費が支払われない場合には、各市とも徴税を担当する郡に経費を通知し、課税額査定資料（tax duplicate）に加算して固定資産税と一緒に徴収を図っている。

5　空き地の維持管理に関する代執行

空き地の改善命令に所有者が対応しない場合、アメリカでは自治体が代執行を行うことが一般的である。

シンシナティ市では、放棄不動産と判断された空き地の草刈りを希望する地域団体に対して、当該の空き地に入り草刈りを行う権限を与えることを条例で規定している。無断で草刈りを行うと不法侵入の軽犯罪になってしまう事態を回避するためであり、同時に市にとっては経費節減効果がもたらされることになる。

また、ボルティモア市では、地域団体が私有地の空き地の問題解決に向けた取り組みを希望する場合には、以下の「迷惑の自力救済（Self-Help Nuisance Abatement）」のプロセスを活用できる。

①迷惑な（不動産の使用を妨げられている）状態であることを見極める
②市に迷惑な状況を通報する
③公的な記録を用いて所有者および連絡先を特定する
④所在地、詳細な状況、観察した日付、関連条例、地域コミュニティが所有者に対応してもらいたいこと、指定した期間内に所有者が対応しない場合に地域団体が迷惑な状況を取り除く意思があることなどを記した手紙を、書留郵便で所有者に送付する

なお、郵便があて先不明で返送された場合あるいは所有者から応答のない場合には、地域団体に対して迷惑な状況を改善する権限が付与される。しかし、権限には制限が設けられており、半永久的な空き地の使用は保証されていない。また、所有者は、地域団体が設置したフェンスなどを予告なしで取り除くことが可能である。*3

6　空き家登録制度

1　制度の目的

サブプライムローンの破綻に伴い抵当融資滞納差押え物件が急増して以降、住宅地の衰退を防止するための空き家登録条例が全米各地で制定されている。２０１９年12月時点で、その数は

１６５４にのぼる。[*4]

デイトン市では、２０１３年に、空き家による問題が生じた際の連絡先を明確にしておくことを目的として、住宅条例の中に空き家登録制度を追加した。２０１４年8月現在、登録件数は４３０件である。

同様に、シンシナティ市でも、荒廃した抵当権差押え不動産を維持し、さらなる状態の悪化を防ぐことを目的に、空き家登録制度を導入した。また、ヤングスタウン市でも、差押えプロセスにある不動産や放棄不動産の維持管理を主要な目的として空き家登録制度を導入した。これにより、住宅の荒廃の防止、公的ニューサンスの発生・継続の防止、市民の健康・安全・福祉を脅かす状況の改善、住宅地の安定の促進、不動産価値の維持も狙っている。

2　登録料

デイトン市では、空き家登録制度に基づき、空き家の登録を義務化している。登録期間は、差押えの手続き終了後15営業日以内とされている。

空き家登録制度を導入しているオハイオ州の5市（コロンバス市、シンシナティ市、デイトン市、トリード市、ヤングスタウン市）の登録料は、初期に２５０～５００ドル（2万７５００～５万５０００円）で、年間登録料は50～５００ドル（５５００～5万５０００円）である。デイトン市職員によると、物件の性質上、登録者は金融機関が大半で、登録料に対する不満の声はないとのことであった。

ちなみに、空き家期間が長くなるほど登録料も高くなるように設定している自治体もある。なかには、ミネソタ州のミネアポリス市のように７０８７ドル（約78万円）と高額な年間登録料も見られる。これらの自治体では、補修や解体によりニューサンスが短期間で除去されることを狙っている。

なお、空き家登録の通知などに不服の場合には、定められた期間内に関連する不服審査会に申立てを行うことができる旨の条文が、一般的に用意されている。

3　維持管理責任・基準

デイトン市とシンシナティ市では、抵当債権者に対して、登録期間中に抵当融資滞納差押えを受けている物件が差押えられた空き家であることを外観から判断できないように保つことを義務づけている。両市ともほぼ同様の規定を設けているが、シンシナティ市では条例に次のように定めている。

①抵当差押えに関する掲示を行わない
②草は高さ25センチ未満に保ち、有害な草本は取り除く
③屋外空間にゴミなどを放置しない
④建物を施錠する。公道から見える割れた窓や壊れたドアは、修繕を依頼して10営業日までの間

表1　シンシナティ市における空き家登録制度の罰則

条例違反の内容	非刑事的違反
空き家の抵当融資滞納差押え物件の登録を行わなかった場合	Dクラス
未登録の状態を継続した場合	Eクラス
登録物件の正確な情報を維持しなかった場合	Aクラス
正確な情報を維持しない状態を継続した場合	Bクラス
登録不動産の維持管理が不十分な場合	Aクラス
登録不動産の維持管理が不十分な状況を継続した場合	Bクラス

注：Aクラスが最も軽く、Eクラスが最も重い
（出典：シンシナティ市条例1123-11）

はベニヤ板で覆っても良い。建物の裏側の割れた窓や壊れたドアなどについては、再入居のために修繕するまで板で覆っておいても良い

⑤公道から見える窓やドアは良好な状態を維持する

⑥配送されたチラシや広告などは定期的に玄関などから取り除く

⑦プールを除き、溜まり水は取り除く

なお、ヤングスタウン市では、所有者もしくは抵当債権者が必要な維持管理を行わない場合には、危険な状態の除去、草刈り、住宅の施錠、廃棄物の除去などを代執行し、費用を所有者に請求することを定めている。

4　罰則

空き家登録を行わなかった場合には、罰則が適用される。罰と罰金は自治体によって異なる。例えば、シンシナティ市では表1のように細かく場合分けしている。デイトン市でも空き家登録条例の違反は非刑事的違反

になる。違反事項はシンシナティ市と同様に細分化しており、内容に応じて1000ドル（約11万円）以下の過料を科す。

また、トリード市では、定めた期間内に空き家登録を行わなかった場合、あるいは、登録情報を定めた期間内に変更しなかった場合には、行政罰として1日1軒当たり50ドル（約5500円）以下、最大1000ドル（約11万円）の罰金を科す。すべての罰金はニューサンス除去信託基金に預け、検査部が実施している条例執行強化活動に使用する。

7 シンシナティ市の空き家維持管理ライセンス制度

シンシナティ市では、空き家登録制度とは別に、空き家維持管理ライセンス（Vacant Building Maintenance License）制度を設けている。全米でもユニークな制度であり、筆者の調べた範囲では同じ名称もしくは内容の制度を設けている自治体は見当たらない。

本制度は、居住に適さないなどの理由により、市の建造物・検査部長から建物の全部もしくは一部から退去を命じられた建物所有者に対して、空き家維持管理ライセンスを申請し、最小限の安全基準を満たすように改善することを求めるものである。加えて、所有者に、住宅用建物（集合・連続住宅は4戸まで）の場合には30万ドル（約3300万円）以上、その他の建造物の場合には

100万ドル（1億1000万円）以上の損害賠償保険への加入も義務づけている。

ライセンスの申請料は、退去期間が1年以内の場合が900ドル（約10万円）、1～2年の場合が1800ドル（約20万円）、2～5年の場合が年に2700ドル（約30万円）、5年以上の場合が年に3500ドル（約38万円）である。このように退去期間が長期になるほど高額になるように設定しているのは、修繕を促し、早期に住宅の質を回復させるためである。

この申請料に関して、空き家所有者たちが違法な税金に該当するとして、2013年に市を相手に訴訟を起こした。裁判では、荒廃した空き家が放置される状態が続くことで発生する諸問題に対応するために市の費用負担が増加するとともに、周辺不動産の価値が低下することに伴って固定資産税が減収するという市の主張が認められ、市が勝訴した。

一般に、債権者である金融機関は、差押えを受けた空き家を維持管理する意識が乏しい。通常、住宅ローンの約款には、差押えになった場合にモーゲージ会社が不動産への立入りと修理を行うことができ、その費用をモーゲージに上乗せすることが記載されている。このように、モーゲージ会社が維持管理を行うことは義務ではない。そこで、空き家の荒廃を食い止めたいシンシナティ市では、条例により維持管理を義務化している。市職員によると、適切に維持管理されていない空き家では、換金可能な暖房用のパイプなどが持ち去られるといった事態も発生しているという。

2015年現在、2300軒の物件がこの条例の対象とされており、うち95％が住宅で、残りの5％は商業施設や倉庫である。なお、修繕計画を不服審査会に提出した場合には、ライセンスの申請料が免除される。その際、2年間の修繕期間が与えられ、この期間内に修繕できなかった場合には申請料を支払うことになる。

注

＊1　公益法律センターのホームページ　https://www.pubintlaw.org/cases-and-projects/windows-and-doors-ordinance-important-to-fight-on-blight-in-philadelphia/
＊2　罰則は11段階に分かれており、初回の罰金は75～1万5000ドル（8250～165万円）。
＊3　Community Law Center, Inc. (2012) *Self-Help Nuisance Abatement in Baltimore, Maryland*
＊4　セーフガード・プロパティーズ社のホームページ　https://safeguardproperties.com/vacant-property-registration/

3章

問題住宅への対策
―アメリカと日本の比較

どのような問題でも発生後の対応には困難が伴う。空き家問題はその最たるものである。アメリカの人口減少都市においては、空き家を中心にした問題住宅に対応する取り組みが長年にわたり実施されている。そこで本章では、前章で取り上げたアメリカの諸都市に主に焦点を当て、日本の制度と比較しつつ、問題住宅の対策と実情を見ていく。

まず、ニューサンスの概念を確認し、問題住宅の定義について述べる（1節）。次に、空き家調査の関連事項として、担当官の権限、住宅検査、所有者調査、事情聴取、データベースなどについて概観する（2節）。続いて、迅速なプロセスを確認し（3節）、そのプロセスに従って、条例違反の通告と掲示（4節）、改善命令（5節）、譲渡の際の義務・制限（6節）、住宅の修繕と取り壊し（7節）、問題住宅からの退去とその後の安全確保（8節）、問題住宅への緊急対応（9節）、不服申立て（10節）、行政代執行と費用の回収（11節）、罰則（12節）について解説していく。

1　問題住宅の定義

1　ニューサンスの概念

アメリカでは、維持管理が不十分な空き家や空き地を「ニューサンス（nuisance）」と捉え、この概念をもとに問題住宅の指定や除去などを条例で規定している。

ニューサンスの概念は、土地を自由に使用する用益権やその他の諸権利の妨害を表現するために、13世紀にイギリス法において登場した。日本語としては、「一般的生活妨害」と訳されることが多い。公的なものと私的なものがあり、前者は犯罪、後者は不法行為である。公的ニューサンスは、公衆に対して共通の権利の行使を妨害し、不便や損害を惹起する作為、または一般公衆の慰安や便宜の妨害等による軽微な刑事事件に属する種々雑多なものを含む。公衆道徳に悪影響を及ぼす場合、公衆の健康を害する場合、公共の静穏を妨害する場合、公衆の慰安を妨げる場合、公衆の便宜を妨害する場合などがある。[*1]

現在、アメリカでは、周辺住民の健康や生命、不動産に悪影響を及ぼすような空き家等も公的ニューサンスに含まれている。その背景には、不動産所有者は自身の不動産を適切に使用し、維持管理する義務があり、近隣に迷惑という不経済を及ぼしてはならないという考え方がある。それゆえ、不動産所有者はニューサンス状態を維持する権利を有しないという判例が、どの裁判所においても出されており、ニューサンスを規制したり禁止したりすることは私有財産権の侵害とはみなされない。[*2]

それに対して、日本ではニューサンスの概念が明確に確立されておらず、民法や刑法で「生活妨害」という用語は使われていない。そのため、自治体は、空き家条例の根拠を関連する法律に求めることになる。例えば、秋田県大仙市では、次の4種類の法律を空き家に対する行政措置の根拠としている。[*3]

①事務管理（民法697条）
②災害時の応急措置および応急公用負担等（災害対策基本法62条、64条）
③違反建築物に対する措置および保安上危険な建築物等に対する措置（建築基準法9条1項、10条3項）
④非常災害時における土地の一時使用等（道路法68条1項）

とはいえ、日本の一般的な空き家条例には、主な目的として、適正な管理により防災、防犯、景観の保全等を図り、周辺の生活環境に悪影響を及ぼさないことが盛り込まれており、条文にも公的ニューサンスに相当する考え方を読みとることはできる。

2　問題住宅の定義

日本の「空家等対策の推進に関する特別措置法（空家特措法）」では、第2条第2項において、措置の対象となる空家を「特定空家等」と呼び、次のような状態にある空家と定義している。

①倒壊等、著しく保安上危険となるおそれのある状態
②著しく衛生上有害となるおそれのある状態
③適切な管理が行われていないことにより著しく景観を損なっている状態
④その他周辺の生活環境の保全を図るために放置することが不適切である状態

具体的な判断基準は、「『特定空家等に対する措置』に関する適切な実施を図るために必要な指

針」（国土交通省）の別紙1〜4に示されている。

空家特措法では、長屋建て住宅に関しては、全住戸に居住者がいない場合にのみ空き家と判定し、法の対象になるとしている。しかし、実際には、1戸だけ空いている長屋建て住宅であっても隣接住宅や周辺住宅地に悪影響を及ぼすことがある。そのため、京都市では、空き家条例の空き家を「本市の区域内に存する建築物（長屋及び共同住宅にあっては、これらの住戸）で、現に人が居住せず、若しくは使用していない状態又はこれらに準じる状態にあるもの」と定義し、長屋建て住宅における個別の住戸に関しても空き家に含めて対応している。また、長屋を構成している個々の住戸が空き家の場合も空家特措法の対象にすべきという自治体からの意見もあるが、現時点において、国土交通省は、長屋全体を1軒の住宅として捉えるという考え方に立っている。[4]

アメリカにおいても、タウンハウスやテラスハウスといった長屋建て住宅に相当する連続住宅があり、特に大都市の中心部など、早期に市街化が進められた地区に数多く存在している。それらの大半は建設されてからかなりの年数が経過しており、構造的に問題を生じている場合もある。一般に、アメリカの諸都市では、連続住宅を構成している個々の住戸も行政措置の対象としている。

また、日本の空家特措法や各自治体の空き家条例は、居住者のいない住宅を対象としている。そのため、一般の自治体では、保安上危険な住宅であっても居住者の存在を確認した場合には、空家特措法ではなく建築基準法に基づく対応に切り替えることになる。[5] その場合、特定行政庁である自治体（建築主事を置く市町村の長または都道府県知事、人口25万人以上）は同法を利用できるが、

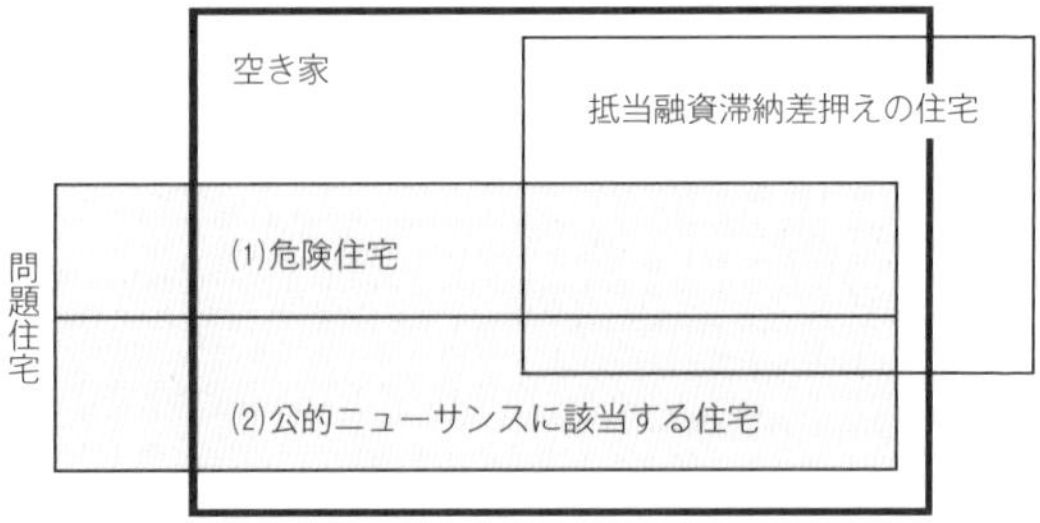

図１　デイトン市の条例における空き家等の取り扱い
（出典：平修久（2018）「アメリカにおける空き家対策（二）―先進的な取組みに学ぶ」『自治研究』vol.94、No.6、第一法規）

そうでない小規模自治体は都道府県に対応を依頼することになる。その際に都道府県が迅速に対応するか否かについては地域差がある。

対して、アメリカの諸都市では、居住者のいない「特定空家等」のような空き家だけではなく、居住者がいても問題のある住宅についても措置の対象としている。対応にあたってはそれらを分類していない自治体が多いなか、オハイオ州のデイトン市では「(1)危険住宅」または「(2)公的ニューサンスに該当する住宅」と分類し、措置の主要な対象と位置づけている（図１）。ここでは、(1)および(2)を、居住者の有無に関係なく「問題住宅」と総称することとする。デイトン市では、(1)の対応策は住宅の修繕のみであり、(2)の対応策には除却も含まれる。当初は(1)に分類された住宅であっても、時間の経過により状況が悪化し、(2)として取り扱うこともある。

(1) 危険住宅

デイトン市では、住宅の一部もしくは全部に欠陥がある場合は危険住宅とみなし、居住に適さない住宅として使用禁止にしている。具体的には、次のような欠陥があった場合に危険住宅と判定する。

①構造的な強度不足により壁等が傾斜している
②基礎を除き、支保部材の3分の1以上もしくは非支保部材の2分の1以上が劣化している
③床や屋根に荷重が不適切に配分されている、もしくは強度が不十分で安全性が確保されていない
④火事や強風等の損害により、居住に不適で、生命や健康、公共の福祉に有害である
⑤老朽化、危険、不衛生、害虫の棲息といった問題を抱えている、あるいは病気を誘発する可能性がある
⑥健康・安全・福祉に必要な照明、通風、衛生等に関する設備が欠損している
⑦緊急避難用の出口や階段等が欠損している
⑧付属品が落下することにより居住者等が怪我する可能性がある

これらのうち、空家特措法で規定している特定空家等において、⑤と⑥は「著しく衛生上有害となるおそれのある状態」に、⑥以外は「倒壊等著しく保安上危険となるおそれのある状態」に、それぞれ該当する。このように、欠陥の内容としては、構造に関するものだけではなく、衛生に関するものも含まれている。

また、アクロン市、クリーブランド市、ヤングスタウン市では、居住不適格の住宅についても条例で定めており、(a)荒廃の進行、(b)害虫やネズミなどの侵入、(c)照明・換気・衛生設備の不足の3項目に基づいて居住不適格を判定している。

(2) 公的ニューサンスに該当する住宅

デイトン市では、危険住宅とは別に、「公的ニューサンスに該当する住宅」の判定基準を建造物条例において詳細に定めている。危険住宅の判定においては主に居住者を念頭に置いているのに対して、公的ニューサンスの判定では周辺地域や近隣住民までも視野に入れている。住宅や付属物等が、現在・将来にわたり地域住民あるいは居住者の生命や健康を脅かし、周辺地区の不動産・安全性・福祉に危害を及ぼす可能性がある場合には、公的ニューサンスと判断する。

具体的な判定基準として、以下の19項目を挙げている。前述した危険住宅の判定基準と比較すると、1項目が同じ(②とケ)であり、4項目(④とク・タ、⑤とオ、⑦とツ、⑧とソ)が類似している。

ア　継続的な空き家状態および管理不全により周辺不動産の悪化・荒廃を誘発している

イ　取り壊しに伴う残存物が存在している、または6カ月以上放置されていることによりニューサンスが惹起されている、あるいは周辺住民に危害が及んでいる

ウ　慣習法または制定法で公的ニューサンスに相当する状態にある

エ　火災の危険性がある

オ　不衛生である、居住に不適である、または病気を誘発する可能性がある

カ　非支保部材の一部において、新築の場合に求められる強度・耐火性・気候に対する耐性が50%未満である、または支保部材のそれが66%未満である

キ　条例に定められた維持管理に違反している

ク　火災・強風・地震・洪水等によりかなりの被害を受けている、もしくは(a)少年によるニューサンスが誘発されている、(b)路上生活者・犯罪者・不道徳者の住処となっている、(c)法令違反や不道徳行為が行われている事態が確認されるくらいに荒廃している

ケ　基礎を除き、支保部材の33％以上、または非支保部材・敷地境界等の壁等の50％以上が損傷もしくは劣化している

コ　垂直方向の構造部材等の傾きにより、鉛錘線が基礎の中央3分の1の範囲外にある

サ　使用目的にとって明らかに危険である

シ　(a)荒廃、(b)建築方法の欠陥、(c)建造物の支持材の除去、(d)基礎の劣化等により部分もしくは全体が崩壊するおそれがある

ス　強風や地震に対する支保部材の耐性が不十分である

セ　新築建造物の建築基準に示された風圧の2分の1に耐えうる強度がない

ソ　付属物の落下・剝脱・崩壊により人や不動産に被害をもたらす可能性がある

タ　火災・地震・強風・洪水等の被害を受けて、強度が新築の最低要求基準以下である

チ　固定・積載荷重により、新築建造物に対する建築基準で許容される使用応力の1・5倍以上の応力が生じている

ツ　火災等の際の避難の安全性が不十分である

テ　ドアや通路等の幅や大きさ、または出入りの安全性が不十分である

表1　デイトン市の条例における空き家等の取り扱い

特定空家のタイプ	公的ニューサンスの判定基準
倒壊等著しく保安上危険となるおそれがある	イ、ウ、エ、カ、キ、ク、ケ、コ、サ、シ、ス、セ、ソ、タ、チ、ツ、テ
著しく衛生上有害となるおそれがある	イ、ウ、オ、キ
著しく景観を損なっている	（ア、イ、ウ、エ、オ、キ、ク、ケ、コ、サ、シ、ソ、タが内容的に該当する可能性がある）
周辺の生活環境の保全を図るために放置することが不適切	ア、イ、ウ、キ、ク

（出典：図1に同じ）

加えて、次の事項も公的ニューサンスを形成するものとして条例で規定している。

ト　オハイオ州法で定義されたニューサンス（わいせつ行為や売春等）が行われている

ナ　オハイオ州麻薬犯罪法の重罪が行われている

以上のうち、ウとクの一部、トとナが使用に関するニューサンスであり、それ以外は構造に関するニューサンスである。日本の空家特措法に規定している特定空家のタイプとの関係を整理すると、表1のようになる。保安上危険に関する項目が多く、うち6項目は数値基準を含んでいる。景観への影響を明確に記述している項目はないが、内容的に該当する可能性のある項目は多い。また、トとナについては犯罪に関する項目であり、特定空家のタイプには含まれない。

なお、公的ニューサンスの定義は自治体によって異なっている。コロンバス市では、空き地を含む不動産や建物、器具が次の事項に該当する場合を公的ニューサンスと定義している。

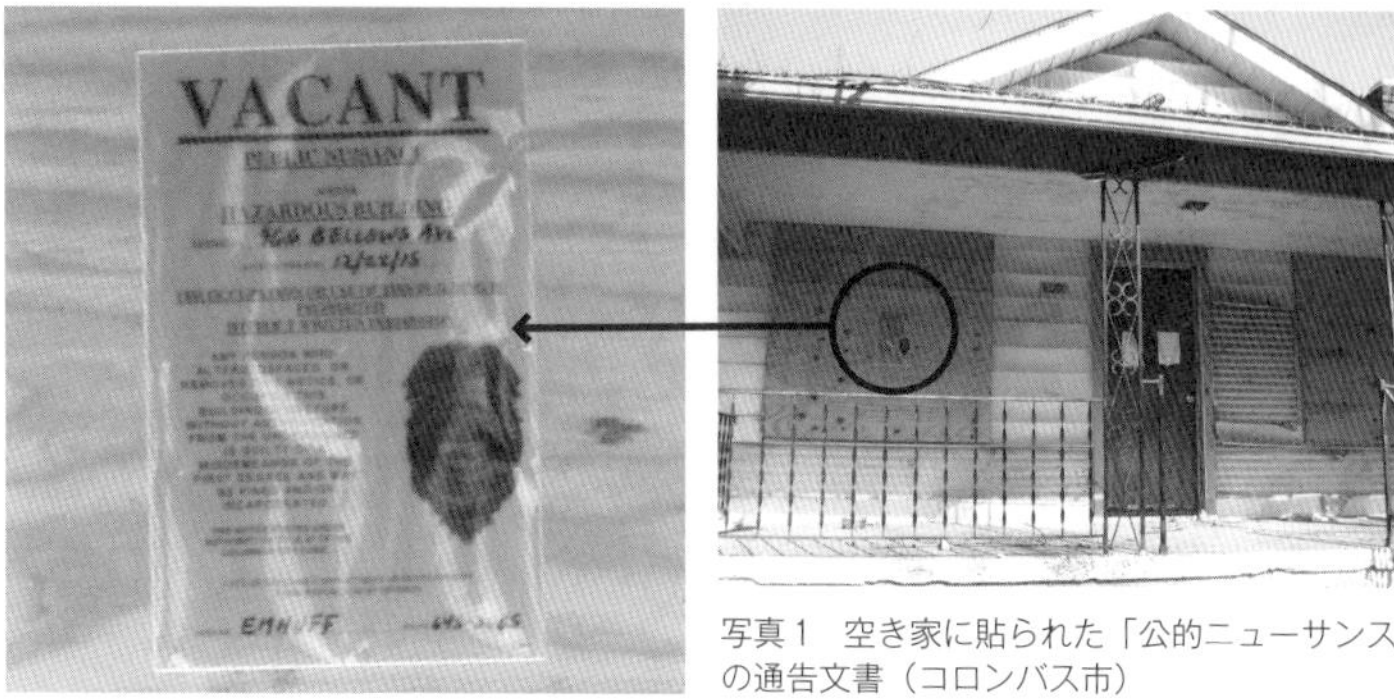

写真１　空き家に貼られた「公的ニューサンス」の通告文書（コロンバス市）

①建築、住宅、ニューサンス除去、大気汚染、衛生、健康、火災、ゾーニング、安全に関して市の条例に適合していないもの
②評価日から1年を超えて固定資産税を滞納しているもの
③オハイオ州法の重罪を犯しているもの
④オハイオ州法３７６７章（ニューサンス）のニューサンスか公的ニューサンスの定義にあてはまるもの
⑤1年間に2回以上犯罪組織に使用されたもの
⑥オハイオ州法２９１５章（ギャンブル）に違反しているもの

特徴としては、大気汚染とゾーニングの観点も公的ニューサンスの判断基準に含まれている点が挙げられる。また、固定資産税滞納物件の大半は、維持管理がなされず放棄された状態にあり、周辺に悪影響をもたらすことが多いため、コロンバス市ではそれらも公的ニューサンスに含めている。

また、トリード市では、不動産による公的ニューサンスを次のように定義している。

①フェンス、壁、日よけ、デッキ、煙突、くぼ地、穴、地下

室、天井、歩道、ドック、埠頭、土地のうち、健康、安全、生命にとって危険である、もしくは、人に危害を加えたり、不便をかけたり、不快にさせたり、損害を与えるもの
②地域コミュニティの健康に脅威を与えるもの
③火災の危険性があるもの
④使用の危険性があるもの
⑤維持管理が不十分なために隣接地の使用を制限しているもの
⑥政府の許可なしに、有害物質、感染性のある物質、化学物質などを大気・土壌・水面に放出、投棄、貯蔵しているもの
⑦オハイオ州犯罪法に違反している者が使用または居住しているもの

このように、いずれの市においても景観に関しては明記していないものの、公的ニューサンスの対象となる範囲は幅広く設定している。

2　空き家の調査

1　担当官の権限

問題住宅への対応は個人の財産を取り扱うため、意思決定については組織的に慎重に行う必要が

ある。そのため、空家特措法第7条では、「市町村は、空家等対策計画の作成及び変更並びに実施に関する協議を行うための協議会を組織することができる」と規定している。協議の内容には特定空家等に対する措置も含まれており、勧告・命令・行政代執行の判断を協議会が担うことになる。

それに対して、オハイオ州の諸都市では、問題住宅に対応する市職員のポストと権限を条例で明記している。例えば、デイトン市では住宅保全監督官が、アクロン市では住宅地支援部長が、トリード市では検査部長および健康部長が、それぞれに関連する規則を策定する権限を有している。コロンバス市およびヤングスタウン市でも、担当官に同様の権限を付与している。

2 住宅検査

日本の空き家条例では、秋田県大仙市のように「何人も、空き家等が危険な状態であると認めるときは、市長に対し、当該危険な状態に関する情報を提供することができる」といった情報提供に関する条文を盛り込むことが一般的である。しかし、オハイオ州の7市では、そのような条文は見当たらない。市民の通報は、アメリカでは言わずもがなのこととして扱われているようである。条文がなくても、フィラデルフィア市では、空き家・空き地問題に関する市民からの情報提供や苦情が年間に約4万件も寄せられているという。

また、日本では、空家特措法第9条第2項において、「市町村長は、第14条第1項から第3項までの規定の施行（周辺の生活環境の保全を図るために必要な措置をとることとの助言・指導、勧告、命令）に必要な限度において、当該職員又はその委任した者に、空き家等と認められる場所に立ち入って調査をさせることができる」と定めている。その留意事項として、『特定空家等に対する措置』に関する適切な実施を図るために必要な指針」（国土交通省）では、次のような項目を挙げている。

・敷地内に立ち入って状況を観察し、建築物に触れるなどして詳しい状況を調査し、必要に応じて内部に立ち入って柱や梁等の状況を確認する必要がある場合に実施するものである。なお、立入調査は、必要最小限度の範囲で行うべきものである。

・門扉が閉じられている等の場合であっても、物理的強制力の行使により立入調査の対象とする空家等を損壊させるようなことのない範囲内での立入調査は許容されうるものと考えられる。

・空家等と認められるとして立ち入った結果、建物内に占有者がいる等使用実態があることが判明した場合は、当該建築物は「特定空家等」に該当しないこととなり、それ以降、立入調査を継続することはできない。

このように、日本では、立入調査を限定的かつ慎重に行うことを定めている。

住宅検査では外観を目視することが一般的である。まず、ドアや窓といった開口部が封鎖または施錠されているかどうかが、防犯上の重要なチェック項目である。次に、屋根が傷んでいると室内の傷みを加速させることから、屋根の検査も重要である。屋根のかなりの部分が欠損している場合はグーグルマップの航空写真で確認することができるが、それ以外の場合は現場での確認を要する。屋根に穴が開いている場合には、カーテンが引かれていても太陽光線で室内が明るくなることから判断することが可能である。また、自撮り棒を使って屋根の状況を確認することもある。2016年時点では、ドローンは活用されていないようである。

また、日本においては、前述したように居住者がいるなど住宅が使用されていることが判明した場合には空き家に該当しないと判断され、立ち入り調査は終了となる。その際には、建築基準法に即した対応が実施されることになる。そのため、空家特措法関連業務と建築基準法関連業務の担当者が異なる場合、調査のやり直しが必要となり、問題解決に向けた取り組みが遅れることになる。それに対して、アメリカでは、ニューサンスの概念を根拠に条例が統合されているため、居住者の有無を問わず措置等を進めることができる。

屋根を含めて外観に問題がない空き家であっても、リフォームにより構造壁が取り除かれている場合などでは構造的な問題が生じることがある。フィラデルフィア市では、居住者が内壁に縦方向に長く伸びるひびを発見し消防署に通報、かけつけた消防士が危険と判断し住民を退去させた5〜6分後に住宅が崩壊した事故が起こった。その崩壊後の現場検証により、地下室のリフォームの際に建物を支える構造壁の一部を取り除いたことが原因であったことが判明した。*6

具体的な措置を行うにあたっては、住宅検査が極めて重要である。デイトン市では、住宅検査課が住宅条例に、その他の建物を扱う建造物検査課が統合建造物条例に、それぞれ基づいて検査する。まず、周辺住民が市に空き家の苦情を申し立てる。次に、調査官が調査を実施し、地域への影響等を判断した上で、当該の空き家がニューサンスであることを所有者に通告する。これにより、政府資金の使用が可能になる。街区に一つでも空き家があると不動産価値が下がると言われており、住民は空き家の発生・存在に敏感である。なかには、ニューサンスの住宅所有者を訴えようと考えている地縁団体もある。

一般に、不動産は個人の財産であり、行政といえども許可なく立ち入ることはできない。そのため、各市では、条例の中で調査に関して、次のように定めている。

デイトン市では、条例で職員の立入調査権を規定している。調査内容は、住宅の構造部分のチェックだけにとどまらず、住居内の器具の適切性なども含まれている。

クリーブランド市では、生命や健康に危害を及ぼすおそれのあるニューサンスの存在に関する苦情を受けた際には、環境・保健部長および担当部署職員がニューサンスを除去するために必要な事項を調査することを定めている。加えて、緊急事態が発生した場合には消防署長あるいは署員が立入調査を行う権限も規定している。所有者は調査を拒否あるいは妨害することが禁止されているとともに、質問に答える義務も負う。

また、立入検査の際に調査員が不動産や動産に損害を与えた場合には、日本では自治体が賠償することになると思われるが、デイトン市では、立入調査などの住宅維持管理の条例執行の強化の業務に関して、調査員の免責あるいは市役所の法律顧問による弁護を規定している。

実際の住宅検査の状況を見てみると、シンシナティ市では23人の調査官、4人の補助調査員、

3人の事務員の計30人体制で実施している。この人数は他市に比べて決して多いわけではなく、1976年にはさらに多い45人の調査官がいたという。全市で15万戸以上の住宅があり、すべてが調査対象ではないが、調査官1人当たりの担当住宅数は相当な数である。そのうち立退き命令を出した住宅が2300軒程度あり、これらに関しては30〜45日ごとにチェックしているとのことである。*7

3 所有者調査

空き家問題への対応の中で困難なことの一つが、所有者の特定である。一般に、空き家として放置されている状態が長ければ長いほど所有者の特定は難しくなる。不動産登記簿をもとに連絡しても、所有者が死亡していたり転居していたりするために連絡がつかない場合が多々ある。

不動産登記簿で所有者が見つからない場合、次善の策として考えられることは固定資産税情報の利用である。しかし、この情報は目的外利用が禁止されている。課税情報は個人情報であるため、以前は個人情報保護審議会の答申を得て情報を活用した自治体（札幌市、室蘭市、小平市）があった一方で、基本的に「ご自由に」という自治体（川口市、蕨市）もあり、その扱いは不統一であった。*8

このように判断が分かれていた状況の中、空家特措法の第10条において、「市町村長は、固定資産税の課税その他の事務のために利用する目的で保有する情報であって氏名その他の空家等の所有者等に関するものについては、この法律の施行のために必要な限度において、その保有に当たって特定された利用の目的以外の目的のために内部で利用することができる」と規定し、固定資産税情報のスムーズな内部利用を可能とした。しかし、固定資産税の情報であっても、転居先不明などで所有者の連絡先を把握できないケースはある。

所有者の特定は、オハイオ州でも大きなネックの一つになっている。同州では、固定資産税の納税状況等のデータを活用して、所有者、放棄状態（滞納の有無）を把握している。固定資産税は郡政府が徴収するため、このような点で郡と市が連携している。抵当融資滞納差押えを受けた住宅では、大半の所有者が金融機関などの企業であるが、個人所有の場合には所有者の追跡が困難なこともある。このような事態を避けるため、デイトン市をはじめとして多くの自治体では、2章で前述した空き家の登録制度を設けている。

4 事情聴取

住宅調査の結果、条例違反と判断して、その旨を通告したり改善命令を出したりしても、期待した結果が得られないことが多い。成果を上げるには丁寧な対応が必要となる。そこで、住宅の維持管理などに関して所有者から事情を聴取するしくみを設けている自治体もある。

例えば、アクロン市では、住宅調査員が条例違反の報告書を市の住宅不服審査会（Housing Appeals Board）に提出する。それを受けて、審査会は当該住宅の所有者等を召喚してヒアリングを行い、当該住宅が居住に適しているか否かを判断する。

一方、コロンバス市では、住宅調査により公的ニューサンスの証拠が見つかった場合、安全住宅地評価審議会（Safe Neighborhood Review Board）の担当部長がその旨を同審議会の会長に報告する。その後、会長は、公的ニューサンスが存在するのか否か、それをどのように除去すべきかについて判断するために所有者から事情聴取を行う。また、事情聴取に先立ち、当該住宅を消防課、建造物主任担当官、健康部が調査する。

5　データベースの整備

空き家の把握のためには、データベースの整備が不可欠である。秋田県大仙市では、２００６年の豪雪後、緊急雇用補助金を活用して空き家の実態調査を行い、「空き家等防災管理システム」を整備した。これにより、助言・指導や立入調査、措置命令、交渉の経緯を管理している。行政指導等の文書も印刷可能で、事務の効率化を図っている。ただし、新規の空き家が毎年発生するため、定期的な情報更新が必要である。

オハイオ州内のデータベースの事例としては、クリーブランド市を中心としたカヤホガ郡を対象にケース・ウェスタン・リザーブ大学が開発した「ネオ・キャンドゥー（NEO CANDO）」（http://neocando.case.edu/）が有名である。同システムがカバーしているデータには、不動産とその売買情報だけでなく、国勢調査、人口動態、犯罪、社会保障関連、少年非行、児童虐待、モーゲージ関連、公立学校の定員と出席状況なども含まれている。

また、東海岸のボルティモア市でも、重点対応地区を設定し、地区内の問題住宅のリストをホームページで公開している。

3　命令のみの迅速なプロセス

空家特措法では、特定空家等に対する除却や修繕、周辺の生活環境の保全を推進するために必要な措置を、①助言・指導、②勧告、③命令という三つのステップを踏んで行うこととしている。そのため、例えば、助言・指導、勧告を実施せずに命令を行うことを条例で規定しているような場合には、慎重な手続きを踏むこととした法の趣旨に反することになるため、当該条例の命令に関する規定は無効となると解される。*9

それに対して、オハイオ州のアクロン市、クリーブランド市、シンシナティ市、デイトン市、トリード市、ヤングスタウン市の条文には、それらに該当する「advice（助言）」「guidance（指導）」「recommendation（勧告）」という用語は見当たらず、「order（命令）」があるのみである。ただし、条例違反の通告の際に助言・指導や勧告と同等のことが行われることがある。デイトン市でも、助言・指導および勧告のステップはなく、住宅調査官が住宅条例違反を発見した場合には、その内容を責任者に通告し、違反事項の改善・除去を命令する。その後、条例違反が改善されなかった場合には、住宅調査官は住宅からの立退きを命令する。

このように、アメリカでは、対応の迅速化を図るために通告と命令を同時に行うプロセスをとっている。その背景には、指導・助言、勧告という丁寧なプロセスを必ずしも踏まなくてもよいというコンセンサスが地域社会で形成されていると思われる。

4　条例違反の通告と掲示

条例違反の通告の発信人は、自治体によって異なる。

アクロン市およびデイトン市では、住宅調査員が条例違反の旨を所有者等に通告する。一方、クリーブランド市の場合では、建造物・住宅審議会会長が、修繕・改善・除去を行う期限も含めて条例違反を通告する。

また、コロンバス市では、担当部長が所有者に条例違反を通告し、状況の改善を助言することができる。条例違反の通告に従わない場合には、次のいずれかの措置を行う。

①所有者に対して、状況の改善命令に関する民事上の告訴を行う
②刑事告訴を行う
③安全住宅地評価審議会に、通告に従う命令を出すことを求める

通告方法について、各市とも条文に詳細に規定している。例えば、シンシナティ市では、所有者

写真2　居住不可の通告文書（ピッツバーグ市）

等が市外在住の場合、書留郵便による郵送、2週連続で週に一度地方新聞に掲載、当該建築物の外壁に2週間にわたり通告を掲示するといったことまで定めている。それでも所有者等と連絡がつかない場合は、空家特措法で言うところの「過失がなくてその措置を命ぜられるべき者を確知することができない」状況に相当することになる。ここまで具体的に条例に規定することにより、訴訟のリスクを回避するとともに、担当者の過度な業務負担を予防することにもつながっている。

保安上などの危険が生じている場合や周辺への悪影響がある場合には、所有者だけでなく、周辺住民にもその旨を知らせる必要が出てくる。そのため、各自治体では、住宅のドア付近に条例違反である旨の通告を掲示する。例えば、デイトン市では、住宅調査官が危険であると判断した場合、居住不適のため退去を命じることを明記した通告をドアなどに貼っている。また、クリーブランド市では、掲示物の文面として「この建物は、危険な状態にあり、使用することは建造物・住宅部長により禁止されている」と記載する規定までも条文に盛り込んでいる。

5　改善命令

デイトン市の条例では、条例違反の通告の中で改善命令を行うことを規定している。この簡略化されたプロセスには、問題の放置をなるべく短縮する狙いがあると考えられる。また、改善期間は命令の中で指定している。

併せて、所有者の責務として条例や命令を遵守する義務があることも規定している。例えば、コロンバス市では、空き家の所有者が条例に定められたとおりに安全を確保し維持しなければならないこと、条例違反の通知に何人も従わなければならないこと、通告の遵守を邪魔してはならないことを規定している。このように命令の遵守義務を条例に盛り込んでいるということは、命令に従わない所有者がある程度いることを暗に示している。

各市の改善命令に関する規定は次のとおりである。

デイトン市では、住宅条例違反を発見した場合、住宅調査官がその内容を所有者等に通告し、違反の改善・除去を命令する。命令の内容は、修繕と除却に大別される。修繕の場合には1人の調査官が決定するが、除却の場合には①2人の調査官による検討、②まちづくり監督官によるレビュー、③専門担当官によるレビュー、④プログラム責任者によるレビューというプロセスを経て最終的に決定する。その際の主な判断基準は、経済的妥当性である。[*10] 所有者は通告を受けてから15日以内に公的ニューサンスの除去を開始し、特別建造物許可の有効期間である90日もしくはまちづくり監督官が必要と認めた期限までに終了しなければならない。

クリーブランド市では、建造物や空き地のニューサンスを発見した場合、環境部長が所有者等にニューサンス除去を命じ、その後、指定した期限までに除去が実施されない場合には、公園・リクリエーション・不動産部にニューサンスの除去と必要経費を所有者に請求することを要請するか、所有者にニューサンスの再発を防止するためのフェンスなどの設置・維持管理を命令する。

また、トリード市では、ダクト・下水・雨水排水・照明・換気の諸設備に関して検査部長および健康部長が危険である、もしくは健康に有害であると判断した場合に、その改善を命令する。所有者は、通知から30日以内にニューサンスを除去しなければならない。調査部長、建造物調査部長、条例執行部長あるいは建築主事が公的ニューサンスの認定を行い、特に速やかな対応が必要な場合には、所有者に公的ニューサンスの存在と72時間以内に除去する命令を書面で通知しなければならない。

6　譲渡時の義務・制限

不動産の売買に関しては、売り主が当該不動産の状況に関する説明義務を負う。条例違反の有無

も その中に含まれる。

クリーブランド市では、条例違反の通告を受けた不動産を取得した者に対して、登記移転の日から通告に対応しはじめるとともに、移転から10日以内に通告への対応を終えることを部長に書面で伝えることを義務づけており、被譲渡者が条例違反に対応しなければならないことになっている。

それに対して、条例違反の住宅を譲渡することを市に申し出ることを義務づけている市もある。デイトン市では、公的ニューサンスの通知を受けた不動産所有者が、修繕もしくは解体除去しないまま、もしくは居住の差し止め命令が解除されないまま、あるいは通告を被譲渡者・被リース者に渡して修繕や除去の責任を引き継いだことを示す書面をまちづくり監督官に提出しないまま譲渡・リースすることは違法であるとしている。さらには、ヤングスタウン市のように、条例違反の改善命令を受け取った所有者に対して、改善が終了するまで当該不動産の売買を禁止することで厳しく規制している市もある。

以上のように、命令を譲渡の際に移転できる市と、命令された改善を実施しなければ譲渡できない市の二つのタイプが見られる。空き家のバルクセールス（複数の不動産をまとめて売買すること）が盛んに行われている市では、投機家が購入・転売して売れ残った空き家が放棄されることが多く、そのような事態を防ぐため、後者の規定が採用される傾向があると考えられる。対して、前者の規定については、現所有者が命令を実施しないのであれば、当該不動産を購入する新規所有者に命令を実施してもらった方が問題をより早く解決できるいう判断を踏まえたものと言える。

7　住宅の修繕と取り壊し

1　住宅の修繕

オハイオ州の主要な都市では、住宅の修繕に対する資金援助を行っている。例えば、トリード市では、所有者居住修繕プログラムとして、所有者に2万5000ドル（約275万円）を上限として無利子で融資している。指定された地区内の住宅に1年以上居住し、世帯収入がトリード地域中央値の80％未満の世帯を対象としている。また、子どもの健康を損なうおそれのある鉛含有塗料の除去については、1万8000ドル（約200万円）を上限として補助金を交付している。

住宅の修繕は、所有者が行う場合と、非営利のコミュニティ開発法人（Community Development Corporation：CDC）などが住宅を取得し、修繕する場合がある。

修繕するか解体するかの判断は、場合によっては難しい。一般に、住宅需要がある程度あり、修繕後に売却あるいは賃貸しすることにより得られる収入が修繕費用よりも大きいことが見込まれれば、修繕が選ばれる。また、解体で空き地が生じると、その住宅地が衰退傾向にあることを示すことにつながるという指摘があり、極力解体しない方が好ましいという考え方もある。

2　住宅の取り壊し

保安上危険度の高い住宅については、自治体から取り壊し命令が出される。しかし、住宅への愛着に加え、費用負担も大きいため、その命令に従う事例は限られている。

そのようななか、住宅の解体工事を安く請け負う企業もある。アメリカ東北部のニューハンプシャー州ニューイングランド地方一帯を業務エリアとしているダンリー・デモ社では、年間200軒以上の建物の解体工事を請け負っている。同社は「解体トレジャー・ハンター」と呼ばれており、ナショナル・ジオグラフィック・テレビが同社の12話にわたるエピソードを紹介している。同社は、解体工事を通常価格よりも安値で受注し、建物内に残された「お宝」を探し出した後に解体を行う。実際、高額の骨董品を発見することで利益を上げている。[*11]

自治体の取り組みに目を向けると、ヤングスタウン市では、住宅の除却命令が出された所有者に対して、市への寄付を依頼している。これにより多くの住宅付き不動産を取得し、市の費用で住宅の取り壊しを実施している。同市では1990年代から住宅の除去を行っているが、2006年に市長が交代してから2010年までに、毎年120戸から450戸へと除去数を増やした。しかし、国勢調査に基づく推定によると、人口が毎年約1000人減少するため約400戸の住宅が新たに過剰になり、これらには住宅地に問題を発生させる住宅が含まれおり、除去すべき住宅1200戸（2010年初頭現在）は減少していない。[*12]

一方、アクロン市には、住宅除去依頼プログラムがある。同プログラムは、住宅所有者が市に住宅の除去を依頼し、土地の所有権はそのままで、市の費用負担により住宅の取り壊しを行うものでである。このようなプログラムが設けられているアクロン市では、不動産を市に寄付する人はほとんどいない。

コラム　1ドル住宅

ニューヨーク州シラキュース市では、2008年に、市内外のデベロッパーに空き家を1ドル（約110円）で譲渡するプログラムを実施した。市長の発案によるもので、市内に約1200戸あった空き家を減らすためのパイロットプロジェクトとして位置づけられた。

市では、税滞納を理由に約250戸の空き家を没収し、そのうち1年以内に没収した11戸を入札にかけた。対象の11戸は、外見から判断すると修繕可能で、かつ、周辺地区に良い影響をもたらす可能性があったことにより選択された。しかし、暖炉・電気・配管などの設備は、修理が必要であることが予想された。住宅の修繕に対して、新規所有者は市税と学校税を7年間免除され、4万5400ドル（約500万円）を上限として市から補助金を得られる制度が設けられた。さらに、市は非営利法人と連携し、修繕費用が推定市場価格プラス賃貸収入を上回る場合には、そのギャップを埋めるために9500〜4万5400ドル（約105〜500万円）の融資を行い、最低5年は譲渡しないことを条件として、修繕が終了するまで返済を猶予することとした。このようなインセンティブを用意したことから、入札者に資金・経験・能力の提示を求めた[*13]。

このような画期的なプログラムであったが、期待した効果が得られなかったためか、現在は実施していないようである。ただし、税滞納で没収した不動産などの販売は現在も行っている。

写真3　1ドル住宅（シラキュース市）

2009年には、CDCが衰退地区の空き家をある一定の条件で1ドルで販売し、購入者が自費で修繕する事例が見られた。

また、現在、連邦政府の住宅都市開発省が、1ドル住宅プログラムを実施している。このプログラムでは、同省が差押えた住宅のうち、6カ月間以上販売できなかったものが対象になっている。中低所得者に住宅取得の機会を与えることを目的としており、空き家に人が住むことにより周辺地域の再生の触媒になることも期待している。同省のホームページに、具体的な物件が掲載されている。

住宅取得費用は手数料を入れても数百ドルで済むものの、長期間使われていなかった住宅を住めるようにするには数万ドル必要となる。そもそも、ある程度の価値がある住宅であれば、維持管理が適正になされていたはずであり、競売にかけられても買い手がついたはずである。売り値を1ドルにしないと買い手つかないような住宅は、荒廃地に立地していることが多く、賃貸住宅用に修繕したとしても借り手を確保できるかは不確かである。

8　問題住宅からの退去とその後の安全確保

1　問題住宅からの退去命令

日本では、建築基準法第10条において、「特定行政庁は、建築物が、損傷、腐食などの劣化が進み、そのまま放置すれば著しく保安上危険となり、又は著しく衛生上有害となるおそれがあると認める場合、所有者等に、相当の猶予期限を付けて、除却、移転、改築、増築、修繕、模様替、使用中止、使用制限その他保安上又は衛生上必要な措置をとることを勧告することができる」と規定している。したがって、行政が行えるのは「勧告」であり、「命令」ではない。また、「使用中止」および「使用制限」という表現はあるが、「退去」は明記されていない。自治体によっては、緊急時に建造物そのものに対する最小限の措置ができることを空き家条例に規定しているが、使用制限や使用中止にまでは触れていない。

大阪市では、居住者が外出中に住宅が崩壊し、使用禁止の命令を出した事例がある。しかし、崩壊前に退去命令を出した事例は、大阪市・京都市・神戸市・大仙市（秋田県）・鹿角（かづの）市（秋田県）への聞き取り調査（2015年）では見られなかった。危険な住宅に居住している事例は、日本では極めて稀ということかもしれない。

それに対して、アメリカの人口減少都市では、構造上危険な住宅が散見され、そのような住宅であっても居住者がいる場合がある。その対応の一例として、デイトン市の条例では、住宅と建築規制に関する章において、問題住宅の居住者に対する退去命令等について次のように規定している。

・危険住宅の条例違反が改善されていない場合、住宅調査官は住宅からの立退きを命令することができる。
・調査官による危険住宅の通告もしくは住宅不服審査会の判断に所有者等が従わない場合、調査官は居住者を退去させなければならない。
・公的ニューサンスであると認定されて15日以内に、所有者等は当該建造物から退去し、所有者はすべての人が退去するために必要な法的手続きを講じなければならない。

公的ニューサンスには、使用に関するニューサンスも含まれ、退去の対象になるが、その際の使用禁止期間は365日である。ただし、デイトン市に不動産価値と同額の保証金を預けることにより、継続居住が許可される。この措置には、所有者等がニューサンスを速やかに除去し、365日間ニューサンスを発生させないという条件が付く。また、違反を2回すると保証金は没収される。施行された1991年から2014年までの間に保証金が没収された事例はない。*14

また、コロンバス市では、公的ニューサンスあるいは危険な建造物という文書が掲示された建造物には、部長が文書を取り除くまで居住してはならない。さらに、同部長は、居住に適さないと宣告した建造物に対して、問題が解消されるまでライフラインの供給停止を執行することができる。これにより、電気やガスによる火災発生の予防を図っている。

2 退去住宅の安全確保

居住者が退去した後には、安全面および防犯面から人が立ち入らないように方策を講じる必要がある。

デイトン市では、人や動物が侵入しないように、玄関・地下室・窓を施錠し、板で覆うことを義務づけている。当然ながら、退去後は、住宅調査官の許可が下りるまで居住してはならないし、まちづくり監督官の許可なしに建造物に入ることも禁止している。さらに、条例執行課長および課員は、ドアや窓が開いていることを発見した場合、ただちに板で覆うなどの安全管理を講じることができる。

また、ヤングスタウン市の担当官は、居住に適さないが倒壊のおそれのない空き家について、居住不適の掲示を行い、ニューサンスを引き起こさないように閉鎖する命令を出す権限を有する。所有者が命令に定められた期間内に封鎖しなかった場合には、担当官が封鎖し安全を確保する。

9 問題住宅への緊急対応

日本の空家特措法では、危険が切迫しているなど、周辺の生活環境の保全を図るために速やかに措置を講ずる必要があると認められる場合の規定は明記されていないが、市町村長は所定の手続きを経ながら、同法第14条の勧告、命令または代執行に関わる措置を迅速に講ずる努力をすると考えられる。とはいえ、ある程度の時間を要することは否めない。

神戸市では、「建築物の安全性の確保等に関する条例」の第61条で応急的危険回避措置の必要最小限の事項を規定している。具体的な内容としては、落下しそうな部材の撤去、飛散防止措置（ネットかけなど）などである。京都市でも、「空き家の活用、適正管理等に関する条例」の第17条において、緊急時に市長が必要最小限の措置を行うことを定めており、内容としては外壁や瓦の落下防止のためのブルーシートでの養生といったことを想定している。また、大仙市では、民法の事務管理規定を使って、住宅の倒壊を防ぐために緊急的に除雪作業や雪下ろし作業を実施している。

対して、アメリカの人口減少都市では、緊急対応の必要度の高い事案が増えているため、命令および行政代執行による緊急対応に関する条文を整備している。

写真４　外壁の崩壊を防ぐ処置が施された建物（ボルティモア市）

例えば、デイトン市の条例では、危険住宅からの即時の退去もしくは所有者による修繕がなされない限り、生命や安全を脅かす危険性が明らかにある場合には、住宅調査官が即時に居住者を退去させるとともに、危険住宅を修繕しなければならないことを定めている。このような緊急対応は、年に10～12回程度行っている。

コロンバス市では、住民の健康と安全を守るために緊急措置が必要な場合には、担当部長が所有者に対して速やかな対応を講じるように書面で命令することを義務づけている。また、建物が崩壊し、死傷者が出る可能性が高いと判断される場合は、郡の地方裁判所に建物の除去の法的許可を得なければならない。

また、ヤングスタウン市では、倒壊の危険性が切迫した状況にある場合、担当官に建物からの退去を命ずる権限を与えている。その際、担当官は開口部の閉鎖などの必要な作業を命じなければならない。さらには、公共の安全確保のため、担当官は歩道や街路、危険建造物の隣接地を一時的に閉鎖しなければならない。

10 不服申立て

日本の空家特措法第14条では、市町村長は措置を命じようとする場合、措置を命じようとする者に意見書の提出および自己に有利な証拠を提出する機会を与えることが義務づけられ、措置を命じられた者は意見書の提出に代えて公開による意見の聴取を行うことを請求することができると規定している。その際、市町村長は、意見聴取の3日前までに期日および場所を通知し、公告しなければならないとしているが、意見聴取を実施する行政担当者・組織は空家特措法の文面からだけでは不明確である。また、命令に対して不服がある場合には、行政不服審査法第6条の規定により当該市町村長に申立てを行うことができる。

アメリカにおいては、不服申立ては適正な手続き（due process）として不可欠なしくみと位置づけられており、問題住宅関連の条例には必ず盛り込まれている。

デイトン市には、不服申立て先として、住宅条例関係を扱う「住宅不服審査会（Housing Appeals Board：HAB）」と、公的ニューサンス条例関係を扱う「ニューサンス不服審査会（Nuisance Appeals Board：NAB）」がある。HABは市のコミッショナーが任命した5名で構成され、NABは建造物サービス部長と部職員、消防部、警察部、計画・まちづくり部の部長もしくは部職員から構成されている。

住宅条例関係の不服申立書は、通告・命令、許可の取消しを受けた日から10日以内に提出しなければならない。申立者は、HABのヒアリングにおいて、通告・命令の内容の修正・取消し等について意見を述べることができる。ヒアリング後、HABは多数決により通告および命令の承認、修正、取下げを決定する。HABへの申立ての主な内容は、修繕の不必要性や修繕期間の延長である。

一方、ニューサンスの除去に関しては、所有者は通告後15日以内にNABに不服を申立てる権利を有する。手続き料は100ドル（約1万1000円）で、公聴会は申立て後30日以内に行われる。ヒアリング後、NABは多数決により通告および命令の承認、修正、取下げを決定する。NABへの申立ての主な内容は、公的ニューサンスの要件を満たしていないことである。

さらに、HABまたはNABの決定に不服がある場合には上訴裁判所に訴えることができる。デイトン市を含むオハイオ州第2地区の上訴裁判所の2001～14年のデータを見ると、デイトン市が被告となった裁判の中に住宅関連のものが7件、公的ニューサンス関連のものが3件あるが、全ケースでデイトン市が勝訴している。一方、州内で類似の条例を有するアクロン市やヤングスタウン市が敗訴した事例が見られる。

その他の市でも不服申立て制度を整備しているが、申立て先は市によって異なる（表2）。また、市によっては、申立ての際に手数料や供託金を徴収するところもある。

表2　オハイオ州諸都市の住宅関連の不服申立て制度

都市	申立て先	申立ての内容等
アクロン	公共サービス部長	・ニューサンスの通告や除去命令の受領後7日間以内に、公聴会の開催を要求することができる。供託金として15ドル必要。
クリーブランド	建造物基準・建造物不服審査会	・住宅条例違反の通告などに関して、不服申立てを30日以内に行う権利を有する。
	部長	・不動産に関するニューサンス関係は、通告もしくは命令の受領後10日以内に不服申立てを行うことができる。部長は、30日以内に公聴会を開催する。部長の最終決定に不満な場合は、30日以内にゾーニング不服審査会に不服申立てを行うことができる。
コロンバス	フランクリン郡地方裁判所	・ニューサンスの緊急除去命令に対して不服申立てを行う権利を有する。 ・明確な証拠を示す責務は部長が負う。
	不動産維持管理不服審査会	・条例違反に関する不服申立ては、通知受領後15日以内に書面で行う。条例違反通知の影響を受ける者は、公聴会の開催を求めることができる。
トリード	ニューサンス除去住宅不服審査会	・公的ニューサンスを72時間以内に除去する命令を受領した所有者は、受領後24時間以内か通知・命令書の日付の3日以内に書面で不服を申立てることができる。手数料として50ドル必要。
ヤングスタウン	不動産維持不服審査会	・住宅維持管理違反の通告か改善命令の受領後15日以内に、不服を申立てることができる。供託金として15ドル必要。

（出典：図1に同じ）

11　行政代執行と費用の回収

1　行政代執行

行政代執行に関する条文は、日本の空家特措法にも、また、それ以前に制定された自治体の空き家条例の大半にも盛り込まれている。特措法の制定後、住民からの相談件数および解体事業件数が増加しているものの、人手不足などを要因として後者の伸びは低く、すべての件に空き家解体事業は対応できていない。

アメリカでは、問題住宅の所有者が指定された期限内に修繕もしくは除去命令に従わない場合に行政代執行が頻繁に行われている。所有者を特定できない場合は費用回収の可能性が極めて低いが、住宅地に様々な問題を誘発する空き家を放置しておくよりも公費で除去した方が結果として社会的コストが小さくなるという判断に基づき、各地で自治体が空き家の取り壊しを実施している。

ただし、条文の表現は市によって異なる。デイトン市・シンシナティ市・ヤングスタウン市の条例は、「しなければならない」という表現で自治体の責務であると規定している。一方、アクロン市は「権限を与えられる」、クリーブランド市・コロンバス市・トリード市は「できる」という表現で、責務よりは軽い規定である。

具体的に、デイトン市では、所有者等が住宅調査官の命令、あるいは、公聴会後の住宅不服審査

写真5　住宅解体の告知（ボルティモア市）

会の決定に従わなかった場合、住宅調査官は居住者を強制的に退去させ、対応の遅れが周辺住民の健康・安全・福祉に被害をもたらすのであれば修繕を代執行しなければならないとしている。

このように行政代執行が義務化されているデイトン市では、かつて市理事会から建物を取り壊しすぎだという意見が提出されたことがある。それ以来、住宅の取り壊しの是非に関して市担当者の考え方は振り子のように揺れたが、現在では市理事会は積極的な取り壊し政策を支持しており、十分な予算を割り当てている。その結果、取り壊し戸数が急激に増加した。[*15]

一方、「できる」と規定しているトリード市では、ニューサンスの迅速な除去が必要でない限り、解体除去の代執行の前に債権者に公的ニューサンスの通知を行う。所有者が住宅を除去しない場合は、市が地方裁判所に訴え、裁判所は決定に従わない所有者に対して6回まで除去命令を通告する。裁判所の命令にも従わない場合、裁判所が市による除去を決定する。そのため、代執行は通常6～24カ月を要する。[*16]

また、トリード市では、公的ニューサンスの除去の際に調査部長・職員が有価物を持ち出して販売し、その収入を公的ニューサンスの除去費用の一部に充当することができる、あるいは、リサイクルにより不動産所有者の費用負担を軽減することができるという規定を設けている。それに対して、日本では「代執行の対象となる特定空家等の中に相当の価値のある動産が存する場合、まず、所有者に運び出すよう連絡し、応じない場合は保管し、所有者に期間を定めて引き取りに来るよう連絡することが考えられる。その場合、いつまで保管するかは、法務部局と協議して適切に定める」[*17]となっており、アメリカと大きな違いが見られる。

現時点でトリード市のような考え方を受け入れることは難しいと思われるが、行政代執行による住宅の取り壊しが増加すれば、このドライな考え方が社会的に容認される可能性はある。

2 行政代執行費用の回収

行政代執行費用の回収は、自治体にとって難しい課題である。2015年に日本国内のいくつかの自治体に訊いたところでは、回収できた事例は1件のみであった。日本の場合、行政代執行にまで至った案件には所有者に住宅取り壊しの金銭的負担能力がないケースが多く、それが費用回収を困難にしている。[*18]

対して、オハイオ州では、指定された期限までに費用が支払われない場合、州法に基づいて、市の担当者が郡の会計調査官に課税額算定資料として情報を渡し、税金と一緒に費用査定額として徴収し、市の一般会計に戻すことになっている。

日本では、代執行費用のうち、義務者から徴収できるのは代執行に要した直接経費だけである。したがって、作業員の賃金、請負人に対する報酬、資材費、第三者に支払うべき補償料等は含まれるが、義務違反の確認のために要した調査費等は含まれない。一方、オハイオ州の自治体が請求する代執行の費用は、直接経費だけではなく、調査費用や事務手続きに関わる人件費も含む。

行政代執行のハードルを下げるためには、間接経費を含めた全費用を請求することは必要である。問題住宅は社会的に不経済であり、問題解決のためのすべての費用を原因者に請求し、一般納税者に負担を求めないことは理に適っている。また、間接経費を請求することは、行政の業務効率化を促すことにもつながると思われる。

12 罰則

行政上の義務不履行の制裁として科される罰を行政罰といい、威嚇効果によって義務の履行を図ることを目的として設けられている。行政罰には、次の2種類がある。

①懲役、禁錮、罰金、科料などの刑法犯と同様の刑を科す行政刑罰
②過料のみを科す秩序罰

過料は、「行政上の義務違反に対する制裁として科される、刑罰ではない金銭罰」である。日本

では秩序罰を科すことができるのは原則として1回に限られる。

空家特措法では、第16条において、次の事項に関する違反者に対して過料の金額を規定している。

①特定空家等に関し、除却、修繕、立木竹の伐採その他周辺の生活環境の保全を図るために必要な措置に関する市町村長の命令に違反した者は、50万円以下の過料に処する。

②立入調査を拒み、妨げ、又は忌避した者は、20万円以下の過料に処する。

一方、アメリカでは、秩序罰を適用する自治体もあれば、行政刑罰を適用する自治体もあり、さらには両者を使い分けている自治体もある。ボルティモア市などでは行政刑罰を適用しているが、その背景には条例執行の強化を図る狙いがある。一般に、秩序罰は州により行政あるいは裁判所で扱い、行政刑罰は裁判所が扱う。行政刑罰には懲役ないし禁錮刑を伴うことがあり、過料のみが科される秩序罰とは大きく異なる。また、行政刑罰は賞罰の記録として残り、就職等の際に影響する可能性がある。

デイトン市では、条例違反を軽罪として扱っている。他方、直接的な介入を避け、民事訴訟として住民が不動産価値の下落等の事由で他の住民を訴える方法をとっている自治体もある。

シンシナティ市の住宅条例では行政刑罰と秩序罰の両方を適用可能としており、所有者のモチベーションに応じて両者を使い分け、秩序罰でうまくいかない場合には行政刑罰を適用している。過料と禁固刑のどちらが有効かは、人によって異なるが、両方を同時に適用することはない。同市では、住宅を修繕しない場合に禁固30日という行政刑罰を適用することを伝えたところ、所有者が修繕した事例がある。[*19]

過料は市役所に支払われ、市の一般財源に組み込まれる。罰金の用途に関しては自治体によって異なる。デイトン市では一般財源に納入するのに対し、アクロン市ではまちづくり支援の用途のみに使用し、またヤングスタウン市では関連条例の施行促進の用途のみに使用している。一方、トリード市ではニューサンス除去信託基金に留保する。

禁錮刑が適用されることは非常に稀ではあるが、デイトン市には、路上生活者が1カ月間空き家に住んだことに対して裁判所が禁錮刑の判決を下した事例がある。[*20]

各市で定められている罰則は、表3のとおりである。デイトン市では、個々の措置に対する不服従などに関しても細かく罰則を定めている。

デイトン市		
検査のための住居内立入りの拒否、住宅管理基準違反に関する文書の掲示の違反、迅速な改善義務の違反、行政代執行の費用支払いの不履行、住宅からの退去の違反、立入り禁止住宅への無許可の侵入、緊急命令の不履行、住宅の修繕命令の不履行、緊急退去に関する違反	行政刑罰	第3級の軽罪（60日以下の拘留）または500ドル以下の罰金、あるいは両方
トリード市		
ニューサンス除去条例に関する命令遂行違反、公的ニューサンスの発生、継続、あるいは除去の不履行	行政刑罰	第3級の軽罪で、1回目は75ドル（約8,250円）、2回目は150ドル、3回目は300ドル（約33,000円）、4回目以上は600ドル（約66,000円）の罰金
ニューサンスの除去あるいは調査部長の同意の書面なしの譲渡	行政刑罰	第1級の軽罪で、600ドルの罰金
ヤングスタウン市		
不動産維持管理条例違反	秩序罰	1回目100ドル、2回目は500ドル、3回目は1,000ドルの過料
不動産維持管理条例違反	行政刑罰	第3級の軽罪で、500ドル以下の罰金か60日以上の禁錮刑、もしくは両方

表3　住宅の維持管理などに関する主な罰則

アクロン市		
住宅条例違反	秩序罰	1回目は100ドル（約11,000円）以下、2回目は500ドル（約55,000円）以下、3回目は1,000ドル（約11万円）以下の過料
譲渡時の条例違反の通告の伝達違反以外の違反	行政刑罰	第3級の軽罪で、500ドル以下の罰金か60日以下の禁錮刑、もしくは両方
譲渡時の条例違反の通告の伝達違反	行政刑罰	1回目は第3級の軽罪で、500ドル以下の罰金か60日以下の禁錮刑、もしくは両方。2回目は2級の軽罰で、700ドル（約77,000円）以下の罰金か90日以下の禁錮刑、もしくは両方
クリーブランド市		
住宅立入調査の拒否および立入調査の妨害	行政刑罰	1回目は50ドル（約5,500円）以上500ドル以下の罰金。2回目以上は100ドル以上1,000ドル以下の罰金か6カ月の禁錮刑、もしくは両方
全般的な維持管理基準、基礎・外壁・屋根・内壁・床の維持、害虫駆除、屋外空間、付属構造物に関する違反	行政刑罰	1回目は150ドル（約16,500円）以下の罰金
ゴミに関する違反	行政刑罰	1回目は150ドル以下の罰金。2回目は250ドル（約27,500円）以下の罰金か30日以下の禁固刑、もしくは両方。3回目以上は1,000ドル以下の罰金か6カ月の禁錮刑、もしくは両方
コロンバス市		
ニューサンス除去条例違反	行政刑罰	第1級の軽罪で、違反1日ごとに100ドルの罰金

（出典：図1に同じ）

注

＊1 河野弘矩（１９６５）「ニューサンスについて」『駒澤大學法學部研究紀要』23

＊2 ジェームス・J・ケリー・ジュニア、角松生史訳（２０１８）「アメリカの市町村における空き家対策」『行政法研究』24号

＊3 進藤久（２０１２）「自治体発 条例ＲＥＰＯＲＴ 秋田県大仙市 条例に基づく行政代執行の具体的運用について：大仙市空き家等の適正管理に関する条例」『議員navi』32

＊4 住戸と住戸の間の界壁以外に共有する部分がなく、各住戸に外部から直接出入りできる住宅。

＊5 足立区では、空き家条例ではなく、居住者のいる住宅も対象となる「老朽家屋等の適正管理に関する条例」を制定した。

＊6 フィラデルフィア市へのインタビュー調査、２０１６年9月7日

＊7 シンシナティ市へのインタビュー調査、２０１６年2月24日

＊8 北村喜宣編著（２０１５）『行政代執行の手法と政策法務』地域科学研究会

＊9 国土交通省（２０１５）「『特定空家等に対する措置』に関する適切な実施を図るために必要な指針」

＊10 デイトン市へのインタビュー調査、２０１４年8月27日

＊11 ナショナル・ジオグラフィックのホームページ http://natgeotv.jp/tv/lineup/prgmtop/index/prgm_cd/1161

＊12 ヤングスタウン市へのインタビュー調査、２０１０年9月16日

＊13 Stan Linhorst (2008) "Syracuse selling houses for just $1, but with some strings attached," *syracuse.com* https://www.syracuse.com/news/index.ssf/2008/10/syracuse_selling_houses_for_ju.html

＊14 前掲＊10

＊15 前掲＊10

＊16 トリード市へのインタビュー調査、２０１０年9月15日

＊17 前掲＊9

＊18 相続財産管理人制度（5章参照）を活用し、空き家解体後に跡地売却により費用を回収した事例はある（総務省（２０１９）「空き家対策に関する実態調査 結果報告書」）。

＊19 前掲＊7

＊20 グレーター・オハイオ政策センターへのインタビュー調査、２０１６年2月23日

4章

ランドバンクによる空き家再生

本章では、空き家の維持管理や再利用などに関わる組織「ランドバンク」に焦点を当てる。現在、全米10州以上でランドバンクが存在しているが、その中でも比較的実績を上げているオハイオ州のランドバンクを紹介する。まず、日本の空き家バンクと対比しながらランドバンクの機能を整理する（1節）。次に、ランドバンクの変遷を概観し（2節）、財源・ミッション・関連組織との関係の面から組織と運営について述べる（3節）。続いて、空き家等の不動産取得について方針や具体的方法を紹介する（4節）。最後に、利用や譲渡先の優先順位、譲渡プログラムといった不動産の処分に関して解説する（5節）。

1　ランドバンクの機能

空き家や空き地の多い都市では、不動産需要が極めて弱く、不動産市場がほとんど機能していない。とはいえ、空き家や空き地を放置しておくと、地域コミュニティに様々な問題が生じることになる。

日本では、地域の秩序ある整備を図るために必要な土地等の取得および造成その他の管理等を行うことを目的として、都道府県および市町村は土地開発公社を設立することができる。公有地の拡大の推進に関する法律第17条に基づき、土地開発公社は、道路・公園・緑地その他の公共施設用地、公営企業用地、市街地開発事業用地などの取得、造成その他の管理および処分を行う。したがって、土地開発公社にとっては一般的な空き地や空き家は取得対象ではない。

また、地方自治体の空き家対策等に関する調査（国土交通省、２０１７年）によると、７６３自治体（全自治体の約４割）が空き家バンクを設置しており、２７６自治体（約２割）が空き家バンクを準備中または今後設置予定としている。しかし、日本の空き家バンクは空き家の所有者と利用希望者をマッチングさせる制度で、情報を収集・発信するものであり、空き家や空き地を取得するという点で後述するアメリカのランドバンクとは大きく異なる。

写真１　大型商業施設ランダル・パーク・モール跡地（クリーブランド市郊外）

アメリカのランドバンクは、空き家や空き地の所有権を取得し、適切に維持管理することにより周辺へのマイナスの影響を抑制し、不動産の需要が戻る兆候を捉えて、取得した不動産を市場に戻す機能を果たしている。当初は自治体が自らこのような機能を担っていたが、法整備が進められたことで、自治体と連携しながらこれらの機能を果たす非営利法人のランドバンクが登場した。

ランドバンクの重要な機能の一つが、滞納されている固定資産税に関する郡政府の請求権を含む債権の抹消である。郡政府としては、所有者が代わらない限り、いつまでたっても税収が得られないと判断せざるをえないケースが多々ある。そこで、そのような不動産に対して滞納されている税金などを徴収不能とし、差押えた不動産を譲渡して新しい所有者が納税することを期待する。例えば、クリーブランド市郊外の大型商業施設ランダル・パーク・モール（１９７６年開店、２００９年閉店）は、カヤホガ郡のランドバンクが取得し、郡政府が税請求権を抹消することで、敷地の一部がアマゾンに譲渡され、物流センターとして使用されている。

2　ランドバンクの変遷

１９７１年、セントルイス市（ミズーリ州）にアメリカ初のランドバンクが誕生した。その後、１９７６年にクリーブランド市、１９８９年にルイビル市（ケンタッキー州）、１９９１年にアトランタ市（ジョージア州）に設立され、これらのランドバンクは第一世代に分類される。[*1] 続く第二世代は、ミシガン州やオハイオ州の郡レベルのランドバンクである。これらは不安定な財源といった市レベルのランドバンクの問題を克服するしくみを取り入れ、多くの成果を上げつつある。

オハイオ州では、２００９年に、ミシガン州ジェネジー郡のランドバンクを模して、民主党議員が提案した郡のランドバンクに関する州法１７２４章「郡土地再利用会社（Land Reutilization Corporation：ＬＲＣ）」が成立した。当時、州議会の多数派であった共和党は、都市部の問題に関してあまり同情的でなかったとともに、ランドバンクの効果に対しても懐疑的であったが、クリーブランド市を包含するカヤホガ郡だけにLRCの設立を認めた。その後、カヤホガ郡のLRCの成果を踏まえ、人口6万人以上の郡がLRCを設立できるように州法を改正し、2018年6月末時点でオハイオ州の郡の60%に当たる53のLRCが存在している。

以下に、オハイオ州の中でも比較的人口規模が大きく、早い時期にランドバンクを設立したカヤホガ郡（中心都市はクリーブランド市）、ハミルトン郡（同シンシナティ市）、ルーカス郡（同トリード市）、マホニング郡（同ヤングスタウン市）、モンゴメリー郡（同デイトン市）の五つの郡を取り上げ、その特徴を見ていこう。

3 ランドバンクの組織と運営

1 組織

オハイオ州のLRCは、非政府・非営利組織である。ただし、各LRCの設立については郡議会で承認され、郡のエージェントとして位置づけられている。理事者の大半を郡や市の役職者が占めているが、カヤホガ郡のLRCの役職者らは行政からの独立性を意識しているとのことであった。

LRCは、基本的には自前のスタッフで運営している。カヤホガ郡のLRCのスタッフ数は32

人（2014年）で、オハイオ州の中で最も多い。一方、ハミルトン郡のLRCは、郡とシンシナティ市が経済開発のために共同で設立した外郭団体である大シンシナティ港湾公社[*2]とマネージメント契約を行っている。同LRCには自前のスタッフはおらず、港湾公社の6人のスタッフが地域コミュニティの再生の一環としてLRCを運営しており、港湾公社のすべての専門家（法律家、エンジニア、MBA、プランナー、公認会計士等）を動員できることになっている。このように、ハミルトン郡のLRCは独特の組織形態・運営方法を採用しているものの、自立した存在になることができず、郡政府の傘下に置かれているという見方もある。

2　財源

オハイオ州の大半のLRCは郡政府と協定を締結し、郡から固定資産税の罰金の一部を運営費として受け取っている。その具体的な比率は郡議会が決定するが、ここで取り上げているLRCのように人口規模がある程度以上の郡では5％である。年間の額を見ると、マホニング郡のLRCの50万ドル（約5500万円）からカヤホガ郡の700万ドル（約7億7000万円）とその幅は大きい。また、LRCが所有している不動産は、郡からは固定資産税、市からは空き家登録料が、それぞれ免除されている。

なお、住宅等の除去には主に次の二つの資金を活用している。

表1　各ランドバンク（LRC）の主要財源

郡	固定資産税の罰金や延滞利子（2012年）	オハイオ前進助成金（2012～14年）	住宅地主導プログラム（2014～17年）
カヤホガ	700万ドル（約7.7億円）	1,180万ドル（約13億円）	1,134万ドル（約12.5億円）
ルーカス	160万ドル（約1.8億円）	360万ドル（約4億円）	722万ドル（約8億円）
ハミルトン	250万ドル（約2.8億円）	580万ドル（約6.4億円）	507万ドル（約5.6億円）
マホニング	50万ドル（約0.6億円）	153万ドル（約1.7億円）	427万ドル（約4.7億円）
モンゴメリー	120万ドル（約1.3億円）	786万ドル（約8.6億円）	511万ドル（約5.6億円）

（出典：各LRCおよびオハイオ州住宅金融公社のホームページをもとに作成）

⑴オハイオ前進助成金

２０１２年、抵当融資が差押えられる危機に対応するため、オハイオ州司法長官が全米の５大モーゲージ会社から約９５００万ドル（約１０５億円）を受領し、オハイオ前進助成金（Moving Ohio Forward）を設立し、うち７５００万ドル（約83億円）を助成金として州内88郡の住宅除去事業に配分した。ここで取り上げている五つの郡のＬＲＣの配分額は、表１に示すとおりである。これにより、マホニング郡のＬＲＣでは、２０１３年から２０１４年７月にかけて３０３軒の放棄住宅を除去した。

⑵住宅地主導プログラム

住宅地主導プログラム（Neighborhood Initiative Program：ＮＩＰ）は、オハイオ州住宅金融公社が連邦政府資金（Housing Finance Agency Innovation Fund for the Hardest Hit Housing

Market）を得て管轄している財源である。不動産の取得・除去、除去後の維持管理、環境問題への対応に使用でき、うち10％は一般管理費として使える。対象はＬＲＣが所有している住宅のみで、配分額は表１に示すとおりである。

3　ミッション

五つの郡のＬＲＣが掲げるミッションの中で３法人以上が用いている表現として、「戦略的」「荒廃」「生産的利用に戻す」「課税状態に戻す」「不動産価値」「生活の質」がある。すなわち、オハイオ州のＬＲＣのミッションは、戦略的に不動産を取得し、荒廃を軽減し、非生産的な不動産を生産的利用や課税対象の状態に戻すとともに、住宅地等の不動産価値を維持ないし上昇させ、最終的に地域の生活の質を改善することと言うことができる。なお、ミシガン州の郡レベルのランドバンクは、すべての不動産を取得することから、専門家に何でも吸引する「電気掃除機」と例えられている。

ただし、対象とする住宅と商業施設の比率は郡によって異なる。カヤホガ郡のＬＲＣは住宅中心、ルーカス郡のＬＲＣは住宅が80％で残りは商工業の不動産を対象としているのに対し、ハミルトン郡のＬＲＣは商業施設にかなりの比重を置いており、商業施設を購入することで小規模ビジネスのスタートの誘導や雇用創出に結びつけている。また、モンゴメリー郡のＬＲＣは商業不動産に特化している。

4　自治体との関係

州法では、LRCに対して自治体との協定書の締結を義務づけてはいない。だが、各LRCでは協定は結んでいなくても、不動産の取得や住宅の除去などについて自治体に相談している。例えば、ルーカス郡のLRCでは、トリード市と協定を締結し、定期的に内容を修正している。特徴的な内容としては、市がLRCによる住宅除去を拒否する権利を有していることが挙げられる。これまで実際に行使されたことはないが、歴史的地区の建物については歴史的地区委員会が除去を許可しない。したがって、そのような場合にはその他の解決策を探すことになる。[*3]

また、自治体によっては、郡レベルのLRCのほかにランドバンク・プログラムを有している。例えば、マホニング郡では、ヤングスタウン市、ストラザーズ市、キャンベル市、ボードマン町が同プログラムを有しており、自治体と協議はするが、協定書は結んでいない。ただし、自治体の取り扱い件数が限られており、経費を節約するために担当者は別の業務も兼任しており、専属の担当者がいない場合が大半である。

一方、カヤホガ郡のLRCではクリーブランド市と税滞納差押え手続きで協力関係を結んでおり、同LRCが住宅を除去した不動産を市に提供することになっている。また、クリーブランド市の郊外の自治体の大半では、住宅の除去についてランドバンクに頼っている。[*4]

5　コミュニティ開発法人との関係

一般にＬＲＣには住宅の除去・修復・維持管理を実施するスタッフがいないため、コミュニティ開発法人（Community Development Corporation：ＣＤＣ）などにそれらを委託することが多い。

例えば、住宅修繕担当のスタッフを擁するマホニング郡のヤングスタウン・コミュニティ開発法人では、自治体などにプランニング・サービスを提供し、特定地区の住宅除去に関する優先順位づけも手がけている。また、マホニング郡のＬＲＣでは、地域の修景に熱心に取り組んでいる教会と協力関係にあり、取得した約１００の不動産を教会に譲渡することでガーデニングなどの修景に役立てており、教会がＣＤＣのような事業を行っているケースも見られる。[*5] 一方、ランドバンクだけで空き家問題を解決することが困難な場合もあり、必要に応じて民間セクターとの協力関係が重要な役割を果たすこともある。

4　不動産の取得

1　不動産取得に関する方針

モンゴメリー郡とマホニング郡のＬＲＣでは、不動産の取得に関する方針をホームページ上で公開している。モンゴメリー郡のＬＲＣでは、取得対象の不動産として以下を網羅的に挙げている。

①税が滞納されている不動産

②維持計画およびその財源がある不動産
③政府・非営利組織・民間企業による再開発の対象となっている不動産
④地区住民が支援する抵当権者所有不動産もしくは抵当融資差押え物件
⑤多大な修復なしでただちに居住可能な不動産
⑥再投資地区に位置し、戦略的な住宅地安定化および再活性化計画に資する不動産
⑦住宅除去基準に合致する不動産
⑧土地統合計画の対象となっている不動産
⑨隣地プログラム（後述）あるいは計画的開発の対象になりうる空き地
⑩ＬＲＣの運営費用を捻出するための不動産
⑪緑地や庭園の創出・拡大をもたらす不動産
⑫権利関連問題が最適な利用を妨げている不動産
⑬取得前に最終的な利用が指定されている不動産
⑭保存すべき歴史的建造物等
⑮居住者のいない建物

マホニング郡のＬＲＣでは、上記に加えて、所在地、不動産の条件、先取特権、財源、ＬＲＣのマンパワー、エンドユーザーに譲渡するまでの期間などについても考慮している。

一方、ハミルトン郡のＬＲＣでは、次のうち少なくとも一つ以上の目的に該当しなれければな

らないとしている。

①経済開発
②荒廃の除去、ニューサンスの改善
③住宅地の安定化・活性化
④戦略的な区画の統合
⑤低利用地もしくは空き地・空き家の生産的利用への転換
⑥歴史的建造物の保存
⑦ＬＲＣの財政的資源の増加

取得の優先順位について、カヤホガ郡のＬＲＣでは、空き家問題に全面的に取り組むために、不動産市場が見向きもしない価値の低い老朽化した戸建て住宅をトップに位置づけている。対して、ルーカス郡のＬＲＣは、処分しやすさを考慮して、隣地に人が住んでいる不動産の取得を最優先にしている。

2　ターゲット地区の選定

一般に、オハイオ州の各ＬＲＣでは、重点対象地区などを設定し、不動産を戦略的に取得する方針を打ち出している。また、住宅地の再生に関する連邦政府の助成プログラムである「住宅地安定化プログラム（Neighborhood Stabilization Program：ＮＳＰ）」（コラムにて後述）と「住宅地主導プログラム（Neighborhood Initiative Program：ＮＩＰ）」においても対象地区の抽出が求められ、各ＬＲＣでは中心都市などと協力して対象地区を選定している。

カヤホガ郡のＬＲＣでは、ＮＳＰに関して、連邦政府住宅都市省（Housing and Urban Department：ＨＵＤ）の要求もあり、自治体と共同で対象地区を選定した。国勢調査区を差押え率や空き家率などの6項目で評価し、18点以上（20点が最悪）の地区を対象とした[*6]。

ＮＩＰに関して、ルーカス郡のＬＲＣは、地区を①健全地区（healthy neighborhood）、②臨界地区（tipping point／空き家・放棄住宅率が20％未満で、迷惑な住宅を取り除き、住宅地の健全性を保全する地区）、③衰退地区（more distressed／空き家・放棄住宅率が20％以上の地区）、④荒廃地区（really bad off／空き家・放棄住宅率が50％以上の地区）の4種類に分類し、②と③を対象地区にした[*7]。

他方、ハミルトン郡のＬＲＣでは、重点地区として14地区を選定した。その際に考慮した要素は、①差押え件数、②条例違反および不良住宅認定件数、③公的および民間投資レベル、④教育的および歴史的資源の残存状況、⑤地区住民の取り組み状況、⑥主導的な地域団体の能力の6点である。選定された地区は、短期（2年間）と長期（4年間）の二つに区分し、それぞれ7地区である。これらは、ＮＩＰの対象地区とかなり重なっている。各地区の取り組みを見てみると、セント・バーナード地区では地区主導で民間開発業者にアプローチしながら、不動産取得や住宅除去をＬＲＣに依頼している。対して、ウォールナット地区には積極的なＣＤＣが存在しており、

ＬＲＣがその団体の活動を支援している。また、エバンス地区やプライスヒル地区では、ＬＲＣがプロジェクトを主導している。このように、地区のニーズや団体のレベルに応じて、各地区でそれぞれ異なるアプローチをとっている。[*8]

3　不動産の取得方法

⑴税滞納差押えのプロセス

財政状況が厳しさを増すなか、徴税率のアップは各自治体にとって重要な課題の一つである。税金が支払われない場合には財産の差押えが行われるが、不動産まで差押える例は日本では極めて限られている。買い手のつく不動産であれば、税務署は売却してその分を納税するように促す。市場価値のない不動産を差押えたとしても維持管理義務が発生するばかりで、税収に代わる現金収入の目途は全く立たないからである。

それに対して、アメリカでは、固定資産税滞納による不動産の差押えは以前から実施されてきた。差押えになる税金の滞納期間は州によって異なる。オハイオ州では、年２回、郡税である固定資産税の支払い請求書が送付され、従来は２年間滞納した場合に税滞納差押えが実施されていたが、空き家の放置期間を短縮するために２０１４年９月からは滞納限度期間が１年間に短縮された。１年という期間は日本人の感覚からするとかなり厳しいように思われるが、裏を返せばアメリカではそれほどまでに空き家問題が深刻であるということであり、その早期解決に向けた政策的判

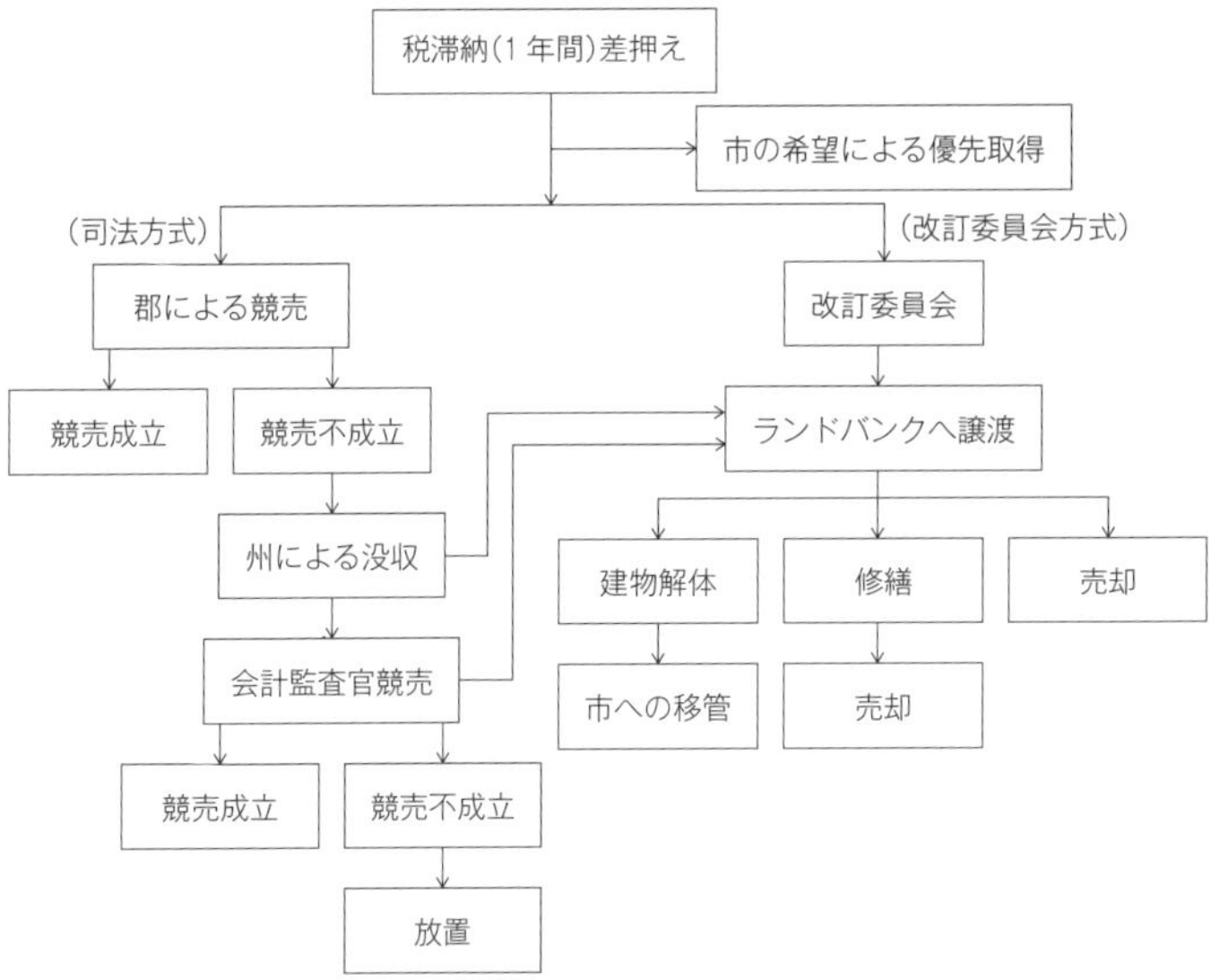

図１　税滞納差押え不動産の譲渡の流れ
（出典：藤井康幸・大方潤一郎・小泉秀樹（2014）「米国オハイオ州クリーブランドにおける二層のランドバンクの担う差押不動産対応、空き家・空き地対策の研究」『都市計画論文集』Vol.49、No.1 を一部修正）

断と捉えることができる。

　オハイオ州のランドバンクが税滞納差押え不動産を取得する方法として、２種類ある（図１）。一つ目は従来の司法方式（judicial system）である。郡の保安官部[9]が税滞納差押えを受けた不動産を競売（sheriff sales）にかけ、落札されなかった物件をランドバンクが取得するが、それまでに２〜３年を要する。例えば、デイトン市のあるモンゴメリー郡では、２００９年からの１年半で約２５０件の競売を実施した[10]。競売は、固定資産税の累積滞納額からスタートする。落札されない場合には、30日間を期限として市に当該不動産取得に関する優先権が与えられる。また、ヤングスタウン市ではこのような不動産をすべて取得する方針を打ち出しているのに対して、トリード市では不動産の取得により維持管理費が発生するため選択的に取得している。その要因としては、ヤングスタウン市にランドバンク・プログラムが設けられているのに対して、トリード市ではそれが設けられていないことが関係していると考えられるが、州全体ではトリード市のように対応している自治体が多数を占めている。

調査したLRCうち、司法方式だけで不動産を取得しているのはマホニング郡のLRCのみである。この方式では、譲渡手数料として550ドル（約6万円）を郡検察官へ支払う。ちなみに、後述する方式も採用しているハミルトン郡のLRCでは、いずれの方式でも対外的費用は発生しないが、権利証書の手続きは自ら行わなければならない。このように、費用負担に関しては郡との取り決めによって違いが見られる。

二つ目の方法は、改訂委員会（Board of Revision／郡の会計検査官・財務官・検察官で構成され、不動産の課税評価額に関する不服申立ての裁定などを行う）による取得である。LRCと郡との協力関係が構築されている場合には、税滞納差押え不動産の情報が郡からLRCに伝えられ、LRCの要望に基づいて改訂委員会方式の手続きが行われる。本方式は司法方式に比べてプロセスがシンプルであり、取得までに要する期間は約9カ月で済む。

なお、税滞納差押えの住宅の物理的状況は、抵当融資滞納差押えの住宅の状況よりも一般に悪いことを付け加えておく。

⑵州による没収

１回目の競売が不成立の場合には再度競売が行われ、２回目の競売で買い手がつかない不動産はオハイオ州が没収する。その後、郡の会計監査官による競売が実施されるが、その前に当該不動産の利用を希望する者がいる場合にはＬＲＣがそれを取得する。なお、郡の会計検査官による競売も不成立の場合、当該不動産は州・郡・市町村のいずれも維持管理を行うことはなく、最終的に放置される。ただし、周辺住民が市町村に苦情を申したてた場合には、当該市町村が維持管理をせざるをえない。

⑶金融機関および保証機関からの取得

不良債権化した不動産を抱えている金融機関は、維持管理や納税の費用負担を強いられることになるため、権利書の取得を望まず、債権額よりも極めて低い額であっても売却を望むことが一般的である。売却できない場合には放置されるケースも多々見られる。

実際、連邦住宅都市省（ＨＵＤ）や連邦住宅抵当公庫（通称「ファニーメイ（Fannie Mae）」）では、全米各地で不良債権化した不動産をまとめて５００〜１０００ドル（約5万５０００〜11万円）程度で販売している。それらを購入した投機家は転売して利潤を得ているが、転売できなかった不動産に関しては税金を払わずに税滞納差押えを受けることになり、空き家・空き地問題が継続する。*11

ＨＵＤの不動産販売の活用として、２００９年に、クリーブランド市がＨＵＤと交渉し、同省の不動産を取得した上で、ＣＤＣに売却するプログラムを実施した。その際、市は、ＣＤＣから土地の取得希望を聞くために90日間の期間を設定したものの、取得を希望するCDCを十分に見つけることができなかった。このプログラムがスタートして6カ月後に設立されたのが、カヤホガ郡のLRCである。その後、郊外の自治体から同プログラムを郊外部にも拡大してほしいという声が上がった。そこで、カヤホガ郡のLRCが市と交渉し、同プログラムを引き継ぎ、2010年7月に2万ドル（約220万円）以下の住宅を100ドル（約1万1000円）で売買する内容の協定をHUDと締結した。また、カヤホガ郡のLRCは、HUDが売却情報を公表する前に2万0001〜10万ドル（約220〜1100万円）の住宅を30％引きで、60日以内に売却されなかった物件を50％引きで購入できる取り決めも結んでいる。[*12]

さらに、カヤホガ郡のLRCはファニーメイともパートナシップ関係にあり、2009年末、ファニーメイが所有する物件を1戸当たり1ドル（約110円）で同LRCに譲渡し、1戸当たり3500ドル（約38万円）の除去費用を提供するという内容の協定を締結した。さらに、2011年の夏には、大手民間銀行のウェルズ・ファーゴ（Wells Fargo）およびバンク・オブ・アメリカ（Bank of America）が、カヤホガ郡のLRCに低価値の不動産を寄付するとともに、NSPの対象地区内の物件については1軒当たり3500ドル、その他の地区の物件については7500ドル（約82万円）の除去費用を提供するという協定も結んだ。この協定により、バンク・オブ・アメリカは100軒の不動産を寄付した。これらはHUDやファニーメイにとっても初めての協定であり、同様の協定は他のランドバンクとも締結されつつある。[*13]

大手民間銀行との交渉は、マホニング郡やモンゴメリー郡のＬＲＣでも行われている。また、ルーカス郡のＬＲＣでは、ウェルズ・ファーゴやＪＰモルガン（JP Morgan）から不良債権化した不動産の寄付の申し出を定期的に受けている。このように、郡内に不良債権化している不動産がかなり存在する場合、各金融機関はそれらをまとめて郡に譲渡しているが、その条件は郡ごと、取引ごとに異なる。[*14] カヤホガ郡のＬＲＣは、金融機関から除去費用を全額負担してもらうという条件で不動産の譲渡を受け入れているが、ファニーメイからの提供分も合計すると除去料金収入は年間約１００万ドル（約1億１０００万円）にのぼる。[*15]

(4) 寄付

放棄住宅の多くの所有者は、納税や維持管理の義務から解放されること望んでおり、不動産を喜んで寄付する人がいる。

一般には、税の支払いや抵当融資の返済が滞っていない不動産の譲渡が寄付に相当する。ただし、モンゴメリー郡のＬＲＣでは、不動産の寄付の受領に関して、①土壌汚染されたブラウンフィールド（元工場用地等）の物件については、十分に財源が確保された改善計画がない限り受け付けない、②ただちに修繕を要する不動産は財源がない限り受け付けない、という方針を打ち出しており、理事会での賛成多数を経て不動産の寄付を承認することになっている。

(5) 差押え回避取引

これは、税滞納による差押え手続きを避けるため、税金を滞納している所有者が納税の代わりに不動産をＬＲＣに譲渡することである。税滞納差押えは個人の信用記録に7年間記載され、後の住宅賃貸契約の際などに参照されることになるが、譲渡により税金不払いの記録を回避できる。

(6) 購入

エンドユーザーの要望に応じて、ＬＲＣが不動産を購入することもある。その手続きはＬＲＣによって多少異なる。ハミルトン郡のＬＲＣでは、申請書の提出と不動産譲渡に関する覚書への署名を求めるが、頭金の支払いは求めない。また、ルーカス郡のＬＲＣでは、不動産購入契約書の署名を求めるが、頭金は要求しない。対して、マホニング郡のＬＲＣでは、覚書への署名とともに10％の預託金を求める。

(7) スポットブライトの収用

オハイオ州では認められていないが、ニュージャージー州では、「スポットブライト（spot blight）」と呼ばれる点在する放棄住宅を再開発のために自治体が収用し、それをランドバンクに譲渡するしくみが整備されている。

一般に、行政による不動産の収用は公共施設用地の取得のために行われるものであったが、1949年の連邦住宅および都市再生法の改正に伴い、収用の適用範囲が著しく拡大した。改正法では、荒廃地区を生産的用途に再開発することが公益として捉えられ、同地区の収用が可能となり、さらには収用した再開発用地を民間企業に譲渡することも可能になった。*16

加えて、ニュージャージー州は、1985年に制定した公正住宅法において、自治体が低中所得者向け住宅を建設するために再開発地区の不動産を収用することも合法化した。続いて、1992年制定の地方再開発および住宅法において、地域コミュニティの社会経済開発計画の実施を目的とする再開発地区の不動産の収用も合法化、さらに1996年には都市再開発法において放棄住宅の除去や修繕を目的として個々の不動産を収用することも合法化し、また、同法により再開発地区に位置していない建造物も収用することが可能となった。なお、収用は、自治体の放棄不動産リストに掲載されたものだけに適用される（空き地は対象外、建物用途は問わない）。このリストへの掲載については不動産所有者に通知し、不服申立て期間終了後に収用が可能となる。[*17]

ニュージャージー州では、放棄住宅を次のように定義している。

①空き家状態が6カ月以上継続している

②次の4項目のうち1項目以上に該当している

・修繕が必要

・6カ月以上にわたり修繕・建設がなされていない

・1四半期以上にわたり税が滞納されている

・ニューサンスを発生している

収用の手続きは、自治体が宣誓した告訴状と訴訟理由を裁判所に提出し、当該不動産が係争中であることを記録することにより開始される。当該不動産の全関係者が被告となるが、所有者が自治体の告訴に異議を唱える場合には、裁判所は自治体が収用権限を適正に行使したか否かを審理する。[*18]

ニュージャージー州は、収用プロセスの迅速化を図るため、不動産所有者との最初の交渉から6カ月以内で不動産を収用する。また、所有者が固定資産税を払い続けている場合であっても、放棄不動産リストに掲載されていれば収用することができる。*[19]

収用する不動産は不動産市場が存在しない地区に位置していることが多く、その場合には不動産鑑定は極めて困難である。そこで、都市再開発法で次のように手順が定められている。*[20]

・ステップ1：修繕する場合と住宅を解体して新たに建設する場合について、手続きや設計などの費用も含めて全費用を見積もる。

・ステップ2：修繕後の不動産価値および新築の不動産価値を、周辺地域の市場の状況を考慮して鑑定する。

・ステップ3：総費用と鑑定額を比較する。費用が鑑定額を上回った場合、放棄不動産の価値をゼロとみなし、所有者に収用に関する補償は行わない。逆に、鑑定額が費用を上回った場合には、その他の要素を考慮して、補償額を含む総費用が鑑定額を超えない範囲で補償額を設定する。

なお、所有者は、鑑定額に関して、収用コミッショナー（弁護士2人と不動産業者1人）による公聴会において意見陳述を行うことができる。ここで不服の意見が出された場合、当該案件は上位裁判所に移される。意見の提出がない場合には、コミッショナーの決定が最終決定となる。*[21] また、自治体と不動産所有者が補償額について合意に至らなかった場合には、補償額の決定を後回しにして、自治体はただちに当該不動産の権利書を入手することができる。[*22]

コラム　住宅地安定化プログラム

空き家問題への対応には巨額の資金が必要である。アメリカでは、21世紀に入って、住宅バブル崩壊により抵当融資滞納差押え住宅および空き家が全国的に急増したことから、連邦住宅都市省（HUD）が「住宅地安定化プログラム（Neighborhood Stabilization Program：NSP）」を策定し基金を設けた。

HUDでは、短期的には、対象住宅地の住宅販売価格の低下の抑制と、空き家および放棄住宅の減少もしくは除却の推進、長期的には対象住宅地の不動産の販売数の増加と価値の上昇を目標に掲げた。[*23] このように、NSPの名称にある「安定化」は直接的には住宅価格を対象にしており、それを通じて住宅地の維持管理の継続、地域コミュニティの再生を図ろうとした施策と言える。

2008年7月、米国連邦議会は、住宅および経済再生法（Housing and Economic Recovery Act）を制定し、放棄および差押え住宅に対する緊急支援のため、NSP1として39・2億ドル（約4312億円）の予算を確保した。続いて、2009年1月に、包括的なアメリカ再生および再投資法（American Recovery and Reinvestment Act）を制定し、その中でNSP2として20億ドル（約2200億円）の追加予算を承認した。さらに、2010年7月には、ウォール街改革・消費者保護法（Dodd-Frank Wall Street Reform and Consumer Protection Act）という包括的な法律の中で、NSP3として10億ドル（約1100億円）を用意した。

NSP1とNSP3は、差押え件数と比率、サブプライムローンの件数と比率、ローン債務不履行の件数と比率、空き家率に基づいて各州に基金を配分した。ただし、各州に総額の少なくとも0・5％以上を配分することとした。NSP1、NSP3ともに、フロリダ州、カリフォルニア州、ミシガン州、オハイオ州の順に配分額が多い。1位・2位の州では抵当融資滞納差押え件数が多く、3位・4位の州では税滞納差押え件数も多い。

一方、NSP2では、プロポーザル方式により、問題の程度、応募組織と担当者の能力、アプローチの健全性、負の影響の除去、エネルギーの効率化と持続可能な発展、経済機会などを評価基準として、州や自治体ばかりでなく公的機関や非営利法人にも配分を行った。NSP1での経験を踏まえて、NSP2では、住宅ローンの負担率、差押え件数、住宅価格の変動、失業率をもとに採点した差押えリスクが20点満点中18点以上と算定された地区を対象とし、同地区に負の連鎖を断ち切ることができるほどの資金を集中させた。[*24]

NSP基金の使途は、①不動産の差押え回避・再開発のための資金援助、②放棄された不動産などの取得・修繕、③ランドバンクの設立・運営、④荒廃した建造物の除却、⑤住宅再開発である。NSP1およびNSP3の配分額の上位4州について全NSPの種類別事業件数を見ると、抵当融資滞納差押えの多いフロリダ州とカリフォルニア州では修繕が多く、税滞納差押えの多いミシガン州とオハイオ州では除却が多い。このように、州により問題の状況と対応策が異なる。それに対して、HUDでは、対象不動産、対象事業、目標を使途ごとに設定し、目標に関しては所得を基準として住宅、地域、雇用に関する3種類を使い分けた。

なお、2020年1月現在もNSP基金を利用して関連事業が実施されている。2019年9月までの実績は、住宅の除去が2万4630件、住宅建設が1万2415件、低中所得者に対する差押え回避の支援が1万536件、住宅の修繕・再建が4万3291件である。[*25] HUDでは、NSP事業を行わなかった類似地区に比べてNSP対象地区の67%で住宅価格がより上昇し、73%で空き家率がより低下し、47%で住宅販売数が増加し空き家率がより低下したと報告している。[*26]

しかし、NSPは抵当融資滞納物件を念頭に置いた施策のために居住者の救済にウェイトが置かれ、クリーブランド市をはじめとして管理が不十分な税滞納物件の多いアメリカ中西部地域の北部の諸都市にとっては、除却に充当できる比率に制限が設けられていることもあり、必ずしも量的に十分な施策とは言えない。

NSPに続く支援策としては、2010年にオバマ政権が「激甚被害救済基金（Hardest Hit Fund）」を設立し、経済危機の打撃が大きく、失業率や空き家率の高い19州とワシントン

DCに合計76億ドル（8360億円）を提供した。当初、この基金の支援対象は州政府の金融機関に限定されており、地域の住宅市場の安定化および住宅の差押えの回避のために使用されたが、2013年以降はミシガン州とオハイオ州の要望により住宅除却にも利用できるようになった。しかし、トランプ政権誕生後は新規の財政支援は打ち出されてはいない。

5　不動産の処分

1　利用の優先順位

モンゴメリー郡、マホニング郡、ハミルトン郡の各LRCが示している不動産利用の優先順位をまとめたものが表2である。モンゴメリー郡のLRCでは住宅をはじめとして用途が明確に示されているのに対して、マホニング郡とハミルトン郡のLRCでは抽象的な利用目的が示されている点で違いが見られる。

2　譲渡先の優先順位

モンゴメリー郡とマホニング郡のLRCは、取得した不動産の譲渡先の優先順位についても表

表2　各ランドバンク（LRC）における不動産利用の優先順位

LRC	不動産利用の優先順位
モンゴメリー郡のLRC	①異なる所得層向け開発、②住宅、③緑のインフラ、④緑地、⑤歴史的保存、⑥公共機関の利用、⑦複合開発、⑧公園・レクリエーション、⑨商業、⑩賃貸、⑪工業、⑫都市庭園、⑬都市農業、⑭インフラ
マホニング郡のLRC	①地区の再活性化、②不動産を生産的利用および課税対象に戻すこと、③経済開発のための土地の統合、④将来の戦略的利用のための長期的な不動産の所有、⑤LRCの運営財源の確保
ハミルトン郡のLRC	①荒廃・ニューサンスの除去、②呼び水的投資、③雇用創出、④歴史的建造物の修復、⑤複合開発、⑥インフィル住宅開発、⑦緑地

（出典：各LRCの資料をもとに作成）

表3　各ランドバンク（LRC）における不動産譲渡先の優先順位

LRC	不動産譲渡先の優先順位
モンゴメリー郡のLRC	①非営利開発法人、②民間開発会社、③住宅または商業不動産を所有・居住・利用している個人、④地縁型非営利法人、⑤学術・保健・宗教などに関わる非課税法人、⑥地方自治体および関係機関、⑦地主もしくは不動産投資家
マホニング郡のLRC	①政府および関係機関、②学術・宗教・住宅・まちづくりなどに関わる非営利法人、③隣地プログラム用の住宅不動産を所有・居住している個人、④民間非営利法人

（出典：各LRCの資料をもとに作成）

3のように明示している。モンゴメリー郡のLRCでは、自治体が不動産の取得を30日以内に希望する場合には、ランドバンク経由でなく郡から直接取得できる取り決めがあるため、自治体の優先順位を6位と低めに設定している。

自治体へ不動産を譲渡する際の価格の設定については、LRCにより違いが見られる。カヤホガ郡のLRCでは、自治体に協力してもらうことを条件として無償としている。また、ルーカス郡のLRCにおいては、不動産譲渡を無償で行うことに関する協定をトリード市と締結している。対して、譲渡を有償にしているハミルトン郡のＬＲＣでは、空き地５００ドル（約５万５０００円）、建物付き不動産１０００ドル（約11万円）という価格を設定している。ここで得られる収入は権利書の書き換え費用などに充てているが、必ずしも十分な金額ではない。一方、マホニング郡のＬＲＣでは、権利書の書き換え費用、検察官に支払われる料金、保険料、芝の維持費などを自治体に請求している。

３　譲渡等に関するプログラム

特徴的なプログラムとしては、次のようなものがある。

⑴ 隣地プログラム

隣地プログラムは、ＬＲＣが所有している空き地を隣地の居住者に優先的に譲渡するものである。カヤホガ郡のＬＲＣでは、譲渡先としてガーデニング・グループや非営利法人も対象にしている。取得者は住宅条例や土地利用規制に基づいて当該不動産の維持管理を行わなければならない。維持管理をしない場合にはＬＲＣが当該不動産を取り戻すことができる。また、購入希望者が複数いる場合には、当該不動産を分割して譲渡する。譲渡価格は、カヤホガ郡・ルーカス郡・モンゴメリー郡のＬＲＣでは１区画当たり１００ドル（約１万１０００円）であるのに対して、ハミルトン郡のＬＲＣでは、オハイオ州に没収された空き地が５００ドル（約５万５０００円）以上、税滞納空き地が１０００ドル（約11万円）以上と設定している。また、マホニング郡の

ＬＲＣはケースバイケースで価格を決めている。

この隣地プログラムは概ね好評で、敷地を拡大し、維持管理をすることを望ましいと考える住民がある程度存在していることの証左である。カヤホガ郡のＬＲＣは、フェンスや植樹に対する補助金制度も設けており、年間で数十件譲渡している。

自治体で隣地プログラムを設けているところもある。デイトン市では、「ロット・リンクス・プログラム（Lot Links Program）」という名称で、適切に維持管理することを条件に隣接する不動産所有者に低額で譲渡している。手順としては、申請者が空き地の再利用計画を提出し、市がそれを審査のうえ譲渡の可否を決定する。

アクロン市でも、空き地を隣接する不動産所有者や民間企業に売却している。対象は地方税が滞納された土地で、コミュニティ開発もしくは再利用のために取得したものである。これらの土地は、建築可能か否かで分類し、接道延長が15メートル未満かつ面積が５１１平方メートル未満の土地は建築行為不可と定めている。建築可能と判定した土地については、市は住宅開発および経済開発を優先させながら、最適な利用を検討する。そこで、隣接する不動産所有者に提供する前に、新規開発を誘導するため都市住宅地開発公社か民間企業に譲渡を打診する。また、両隣の不動産所有者に譲渡する場合には半分ずつに分割し、どちらかが断った場合には片側の所有者にすべてを譲渡する。両者とも断った場合には裏側の隣接者に打診し、この隣接者も断った場合には近隣の不動産所有者に売却する。なお、すべての売却は市議会の承認を要する。加えて、譲渡された土地内での建設は、不動産の名義変更後90日以内に開始し、12カ月以内に終了しなければならないと規定している。これは投機を防ぐためであり、建設が遅れた場合、土地は市に没収される。[*27]

(2) ガーデニング・プログラム

カヤホガ郡とハミルトン郡のLRCでは、住民・地域グループ・協同組合などに菜園あるいは庭園として再利用する土地を提供している。ガーデニングにより地域活動を活性化し、景観を損なう雑草の繁茂やゴミの投棄を防ぐことができる。また、ルーカス郡のLRCでは、ガーデニング以外の用途を含めて市民団体などにLRC所有の不動産の維持を無償で行ってもらう「まち美化プログラム（Adopt-a-Lot Program）」を設けている。

(3) 条件付捺印証書プログラム

カヤホガ郡・ルーカス郡・マホニング郡のLRCでは、小規模な住宅修繕業者もしくは住宅所有者を対象に、「条件付捺印証書プログラム（Deed-in-Escrow Program）」というプログラムを実施している。このプログラムによりLRCから不動産を購入した者は、双方で合意した基準および仕様に基づいて不動産を修繕する義務を負う。不動産譲渡証書は修繕作業が完了するまでLRCが保持し、自治体の正式な居住証明の発行をもって不動産譲渡証書が購入者に渡され、その時点で住宅価格を支払う。カヤホガ郡のLRCでは、修繕を行った900件の物件のうち650件が本プログラムによるものであり、成果を上げていると自己評価している。

(4)居住目的購入者優先プログラム

これは、多少の修繕が必要な住宅を対象に、所有後3年以上にわたり居住を希望する人に優先的に当該住宅を販売するプログラムである。希望者に優先的に販売する期間は、販売情報公表後、カヤホガ郡のＬＲＣが30日間、ルーカス郡のＬＲＣが20日間と、ＬＲＣによって異なる。

(5)退役軍人住宅所有プログラム

これは、修復した住宅もしくは自分で修復する住宅の購入を希望する退役軍人を対象とするプログラムで、販売価格の20％が割引される。カヤホガ郡のＬＲＣが実施している。

(6)一般再利用プログラム

再開発のために購入を希望する個人・組織向けのプログラムで、ハミルトン郡のＬＲＣが実施している。価格は空き地１５００ドル（約16万円）以上、改良した不動産は５０００ドル（約55万円）以上で、最終的には市場価格および再開発に必要な投資額をもとに価格を決定している。

注

＊1　Frank Alexander (2011) *Land Banks and Land Banking*, Center for Community Progress

＊2　シンシナティ市は、ミシシッピ川の主要な支流の一つであるオハイオ川に面しており、重要な河川港を有している。

＊3　ルーカス郡のＬＲＣへのインタビュー調査、２０１４年８月29日

＊4　カヤホガ郡のＬＲＣへのインタビュー調査、２０１４年８月25日

＊5　マホニング郡のＬＲＣへのインタビュー調査、２０１４年８月25日

＊6　前掲＊4

＊7　前掲＊3
＊8　ハミルトン郡のＬＲＣへのインタビュー調査、２０１４年８月28日
＊9　司法権と警察権を有する。
＊10　デイトン市へのインタビュー調査、２０１０年９月14日
＊11　Alan Mallach (2010) *Bringing Building Back*, National Housing Institute
＊12　前掲＊4
＊13　前掲＊4
＊14　クリーブランド連邦準備銀行へのインタビュー調査、２０１４年８月28日
＊15　前掲＊4
＊16　ニュージャージー州住宅およびまちづくりネットワークのホームページ　http://www.hcdnnj.org/
＊17　前掲＊16
＊18　*SPOT BLIGHT EMINENT DOMAIN Property Solutions Kit Fact Sheet*　https://www.newjerseycommunitycapital.org/sites/default/files/pages/Spot%20Blight%20Fact%20Sheet.pdf
＊19　前掲＊16
＊20　前掲＊16
＊21　前掲＊18
＊22　前掲＊16
＊23　HUD (2010) *Notice of Formula Allocations and Program Requirements for Neighborhood Stabilization Program Formula Grants*
＊24　Paul A. Joice (2011) "Neighborhood Stabilization Program," *Cityscape (A Journal of Policy Development and Research)*, Vol.13, No.1
＊25　HUD (2019) *Production Report Summary*
＊26　HUD (2011) *Project Rebuild*
＊27　アクロン市のホームページ　http://www.ci.akron.oh.us/planning/devserv/relocation. htm

5章

財産管理人制度による空き家再生

アメリカの諸州では、空き家問題の新たな解決方法として財産管理人制度を適用しており、近年に入り日本でも同様の取り組みを開始している。そこで、本章では、アメリカにおいて財産管理人制度が適用されるようになった背景を概観し（1節）、続いて日本の制度を確認する（2節）。その上で、アメリカの事例として、取り扱い件数の多いボルティモア市（3節）と一般的な制度を適用しているフィラデルフィア市（4節）を紹介する。最後に、これらの事例を踏まえて、財産管理人制度の位置づけ、妥当性、利点、限界を分析し、他の空き家問題の対策との比較を示し、最後に事例として取り上げた2市における制度の比較を行う（5節）。

1　アメリカにおける財産管理人制度の適用

本来、住宅所有者は自己の責任で維持管理し、関連する税金を納める義務を負う。このような所有者としての責任・義務を所有者自身が果たしていないことが、空き家問題の根本的な発生原因である。所有者が維持管理しない場合に、行政が代わって維持管理を行うのが行政代執行である。しかし、それに関わる経費の回収はおぼつかず、行政は回収可能性の低い債権を抱え込むことになる。そこで、行政代執行に代わる手段として着目されたのが財産管理人制度である。

アメリカにおける一般的な財産管理人（receiver および conservator）は、日本においては破産法に定義されている破産管財人に該当する。アメリカでは、半世紀以上前から、破産法に規定されている制度が不動産にも適用されてきた。

アメリカでは、1960年代に入り、条例で定められた賃貸住宅の設備等に関する基準を遵守しない家主が現れはじめ、賃借人の居住に支障をきたす事例が散見されるようになった。そこで、そのような家主への対抗手段として、財産管理人制度を適用するようになった。[*1] 市や賃借人が、条例違反への対応と家賃徴収を行う財産管理人の選任を裁判所に申立てるというものである。その後、1990年代以降になり、この制度が放置された空き家の問題解決にも有効であるという認識が広まった。[*2] 現在、19の州で空き家財産管理人制度が法制化されている。従来の財産管理人の主要な役割は所有者の財産の保全であるが、アメリカの不動産に関わる財産管理人は賃借人や周辺住民の居住環境の保全を主目的としている。

2 日本における財産管理人制度の適用

1 制度の概要

日本には空き家だけに特化した財産管理人制度は存在しておらず、2011年以降、民法に依拠した不在者財産管理人制度と相続財産管理人制度を活用している。前者は所有者が従来の住所等を去り容易に戻る見込みのない場合（長期の家出人や音信不通となった者など／民法25条）に、後者は死亡した者に相続人のあることが明らかでない場合（相続人全員が相続放棄をした場合も該当／民法925条）に適用する。この際、利害関係人または検察官の請求に基づいて家庭裁判所[*3]が財産管理人を選任し、空き家の修繕や売買などを行う。

2　財産管理人選任の申立て

民法により、財産管理人の申立権者は利害関係人または検察官と規定されている。利害関係人は、不在者財産管理人の場合は配偶者・推定相続人・債権者・共同債務者・親族などが該当し、相続財産管理人の場合は相続債権者・相続債務者・相続財産上の担保権者・受遺者・特別縁故者などがそれにあたる。そして、2018年には「所有者不明土地の利用の円滑化等に関する特別措置法」が制定され、38条の「不在者の財産及び相続財産の管理に関する民法の特例」において、市長等に財産管理人選任の申立権が付与された。

ここで、利害関係は、①債権者としてのものと、②空き家問題によるものに大別できる。①に関しては、以前から上記2種類の財産管理人制度が活用されている。一方、②の申立て事例を整理したものが表1である。ただし、これらの中には行政代執行の費用回収を目的とした事例も含まれており、その場合は①の利害関係を兼ねている。また、2014年に空家特措法が制定されて以降、特定空家等に対する措置のために財産管理人制度を適用する事例が見られるようになった。

表1　日本における相続財産管理人と不在者財産管理人の選任の申立て事例

	申立て事例
相続財産管理人	山形県酒田市：6件（2011～16年）、埼玉県川口市：1件（2016年） 千葉県松戸市：1件（2016年）、滋賀県東近江市：1件（2016年） 兵庫県神戸市：1件（2016年）、福岡県宗像市：2件（2017年） 三重県名張市：1件（2016年）、東京都武蔵野市：1件（2017年）
不在者財産管理人	東京都大田区：1件（2017年）、東京都世田谷区：1件（2017年）

（出典：国土交通省「地方公共団体の空き家対策の取組事例1（平成28年度調査）」および「地方公共団体の空き家対策の取組事例2（平成30年3月末時点）」をもとに作成）

例えば、川口市では、所有者が死亡し、相続人が存在しない不動産に対して相続財産管理人制度を適用した。道路にはみ出した樹木が周辺の迷惑になっていた事案であったが、解体費等を加味しても裁判所に納める予納金が戻ってくる額以上で売却できる可能性が高いと判断し財産管理人の選任を申請した。このケースでは、特定空家等であることと、周辺の生活環境の保全を図るために市が法的措置を行う名宛人を必要としたことから、市が利害関係人となった。また、東京都世田谷区では、不在者財産管理人制度を活用して家庭裁判所に財産管理人選任を申請し、所有者の存在が不明だった空き家を解体した。

対して、武蔵野市と名張市の事例では、特定空家等の認定を行っていなかったことから、自治体が利害関係人になることができず、検察官が相続財産管理人の選任を申立てた。[*4] ただし、このように検察官が申立てを行うケースは特例であり、検察庁では利害関係人が不在の場合にのみ限定して対応しているようである。[*5]

申立ての際に、空き家の売却可能性を示す必要はない。また、裁判所に申立てを拒否する権限はないが、売却可能性が低い場合には

表2　財産管理人選任の申立てに必要な書類

不在者財産管理人	相続財産管理人
①申立書 ②不在者の戸籍謄本 ③不在者の戸籍附票 ④不在の事実を証する資料（警察署長の発行する家出人届け出受理証明書、「あて所に尋ね当たらず」等の理由が付されて返送された手紙等） ⑤財産目録に記載した不在者の財産に関する資料	①申立書 ②被相続人の生涯すべての戸籍謄本等 ③被相続人の父母の生涯すべての戸籍謄本等 ④被相続人の子（およびその代襲者）の生涯すべての戸籍謄本 ⑤被相続人の直系尊属の死亡の記載のある戸籍謄本等 ⑥被相続人の兄弟姉妹で死亡者がいる場合、その兄弟姉妹の生涯すべての戸籍謄本等 ⑦代襲者としての甥姪で死亡者がいる場合、甥姪の死亡の記載ある戸籍 ⑧被相続人の住民票除票または戸籍附票 ⑨財産を証する書類
申立人の利害関係を証する資料（「特定空家等」に該当することを利害関係として申立てを行う場合は、「特定空家等」の認定に関する資料、空き家の現況写真等）	

（出典：空家問題対策プロジェクトチーム・川口市（2017）「所有者所在不明・相続人不存在の空家対応マニュアル」および山形県（2015）「やまがたの空き家対策の手引き」をもとに作成）

申立人が申立てに要する費用を回収ができなくなる可能性があるため、申立てを不相当として取り下げるように働きかけることがある。[*6]

なお、申立人は、財産管理人の報酬および管理費用に充当する予納金を裁判所に納めなければならない。ただし、不在者の財産や相続財産に多額の流動資産がある場合には、予納金は不要である。予納金の額は特に定まっておらず、個別に決められている。例えば、さいたま家庭裁判所では、相続財産管理人の場合は原則として100万円としている（2017年2月時点）[*7]。予納金は、不動産が売却された際に配当金の中から申立人に優先的に戻される。

また、倒壊等の危険に対する応急措置のために財産管理人が負担する費用を不在者の財産や相続財産だけで賄えない場合は、裁判所が申立人である自治体に対して、予納金とは別に費用負担を求めることがある。[*8]

財産管理人選任の申立てに際しては、表2に示す書類の提出が必要になる。相続財産管理人の場合、戸籍謄本等の書類の収集に手間がかかることがあり、実際に宗像市では相続人の特定と相続放棄の確認に時間と労力を要した。

3 申立てから選任までのプロセス

基本的に申立人は財産管理人を指定できない。実際には、利益相反のおそれがない限り、申立人の推薦する候補者がそのまま選任されることが多い。一方、申立人と不在者との間に利害関係がある場合、あるいは業務が複雑といった事情のある場合、弁護士などの専門家が選任される。特に、空き家の処分等が予定されている場合には、弁護士が選任されるケースが多い。また、不在者財産管理人には資格制限はなく、不在者の子・配偶者・父母等の親族が選ばれることがあるが、相続財産管理人には被相続人の親族が選任されることは通常ない。[*9]

裁判所は、申立書類を受理した後、不備がないかチェックし、不在者財産管理人は2〜3カ月程度、相続財産管理人は1カ月程度で選任する。[*10]

財産管理人は、選任されたことを官報に公告するとともに、債権者をはじめとする関係者へ連絡を行う。その後、財産管理人が別途、債権・債務の有無を確認するため、その旨官報に公告を出す。[*11]

4　財産管理人の職務と義務

財産管理人の職務内容は表3に示すとおりである。財産の維持管理が主たる職務となるが、特定空家等の場合は、放置することで地域住民等に損害を与え、損害賠償義務を負うリスクがあるため、裁判所の許可を得て取り壊しを行うことがある。実際、東京都の大田区と世田谷区の事例では、不在者財産管理人が空き家を解体した。

修繕後の空き家の賃貸については、相続財産管理人の場合は、理論上ありうるものの財産の現状維持が基本であり、リスク回避を優先するため、裁判所は許可しないと思われる。一方、不在者財産管理人の場合は、集合住宅であればありうるが、戸建て住宅に関してはほぼない。[*12]

財産管理人は裁判所に対して報酬付与の申立てを行い、裁判所の判断により報酬が支払われる。この請求は、管理業務の終了時点でなされることが一般的である。

財産管理人の義務は表4に示すとおりである。2018年時点において、第三者や周辺住民の財産への侵害などに対する財産管理人の責任については議論されておらず、定説はない。[*13]

5　空き家の売却

財産管理人は、裁判所の許可を得て空き家を売却することができる。相続財産管理人の場合には、資産を換価して相続債権者に弁済し、残余財産があれば国庫に引き継ぐことが求められている。したがって、相続財産管理人は、不動産を換価・処分することを念頭に業務を行う。

表3　財産管理人の職務内容

職務	不在者財産管理人	相続財産管理人
一般的な職務		
・財産目録の作成（民法27条1項）	■	■注1
・財産状況の報告・管理の計算	■注2	■注3
・保存行為（例：建物の修繕、債務の履行、被告としての応訴など）	■	■
・利用・改良行為（例：現金を銀行に預金する、債権の受領など）	■	■
・処分行為（例：自動車の売却、訴訟の提起、遺産分割協議、不在者の子の生活費の支出など）	■	■
・債権者・受遺者への弁済（配当）（民法957条2項・928～935条）		■
・特別縁故者への分与に対する意見（家事事件手続法205条）		■
空き家等の管理、処分など		
保存行為、利用・改良行為（裁判所の許可は不要）		
・鍵の保管	■	■
・登記名義の変更		■
・空き家の修繕	■	■
・火災保険の締結	■	■
・雑草の抜き取り、立木の枝の切除	■	■
・水道光熱費の支払い	■	■
処分行為（裁判所の許可が必要）		
・立木の伐採・撤去（明らかに無価値の場合は許可申立ては不要）	■	■
・建物の取り壊し	■	■
・不動産の売却	■	■

注1：民法953条も含む
注2：家事事件手続法146条2項
注3：家事事件手続法208条・125条、民法954条、956条2項、959条・956条2項
（出典：空家問題対策プロジェクトチーム・川口市（2017）「所有者所在不明・相続人不存在の空家対応マニュアル」をもとに作成）

表4　財産管理人の義務

義務	不在者財産管理人	相続財産管理人
不在者または相続財産法人に対する義務		
・善管注意義務	■[注1]	■[注2]
・受取物の引渡義務	■[注3]	■[注4]
・金銭を消費したときの責任	■[注5]	■[注6]
裁判所に対する義務		
・裁判所からの命令（財産の保存に必要な処分）に服する義務（民法27条3項）	■	
・財産目録の作成義務（民法953条・27条1項）		■
・財産状況の報告義務（家事事件手続法208条・125条2項）		■
・財産保存上必要な処分命令に服する義務（民法953条・27条3項）		■
・担保提供義務	■[注7]	■[注8]

注1：家事事件手続法146条6項・民法644条
注2：家事事件手続法208条・125条6項・民法644条
注3：家事事件手続法146条6項・民法646条
注4：家事事件手続法208条・125条6項・民法646条
注5：家事事件手続法146条6項・民法647条
注6：家事事件手続法208条・125条6項・民法647条
注7：民法29条1項
注8：民法953条・29条1項
（出典：表3に同じ）

一方、不在者財産管理人の場合には、不在者自らが管理できるようになるまで資産を維持することが求められるため、原則として不動産を換価せずに管理する。ただし、特定空家等を理由に解体し、その費用を回収するために売却する際には、裁判所から許可を得られると思われる。

相続財産管理人制度では、優先権を有する債権者が第一順位で弁済を受けることができる。公租公課については、破産法等の場合と異なり、民法には優先権がある旨の規定はない。実務上も、裁判所としての統一見解はなく、財産管理人の裁量に委ねられている。したがって、差押え等がなされていなければ、公租公課は他の一般債権者との按分弁済となる場合もある。[14]

対して、不在者財産管理人制度の場合には、基本的に不動産の処分が想定されていないこともあり、民法に弁済に関する条文はない。実務上は、相続財産管理人制度に準じることになると思われる。

6 財産管理人の管理責任の終期

相続財産管理人の場合、一般に国は不動産の国庫帰属に応じないため、不動産が売却できるまで空き家の管理を行う。不在者財産管理人の場合、次のいずれかの管理終了事由が発生するまで空き家の管理を行う。[15]

・不在者が財産を管理することができるようになったとき（家事事件手続法１４７条）
・管理すべき財産がなくなったとき（家事事件手続法１４７条）
・不在者が自ら委任管理人を置いたとき（民法25条２項）

・その他、財産の管理を継続することが相当でなくなったとき（家事事件手続法147条）
・失踪宣告（民法30条・31条）

3　ボルティモア市の空き家財産管理人制度

1　空き家財産管理人制度の創設

ボルティモア市では、1991年に空き建造物財産管理人条例を制定した。この条例に基づく空き家財産管理人制度は、当初、連邦憲法で禁じている私有地の没収に該当しないことに関して裁判所の理解がなかなか得られなかった。そこで、市は、担当する裁判官が3カ月程度で交代するたびに丁寧に説明を行い、裁判官の理解を得ることに努めた。*16

2　対象となる空き家の抽出

ボルティモア市は、条例執行を強化するため、条例違反の通告に対応しない空き家所有者に対して罰金900ドル（約10万円）を科すとともに、条例違反改善命令書を発行している。命令書の発行から30日ごとに住宅調査を行い、罰金の支払いや改善行為が実施されない場合には罰金を増額する。また、罰金を払っても修繕を行わない場合、条例違反改善の督促を継続する。2回目の命令書

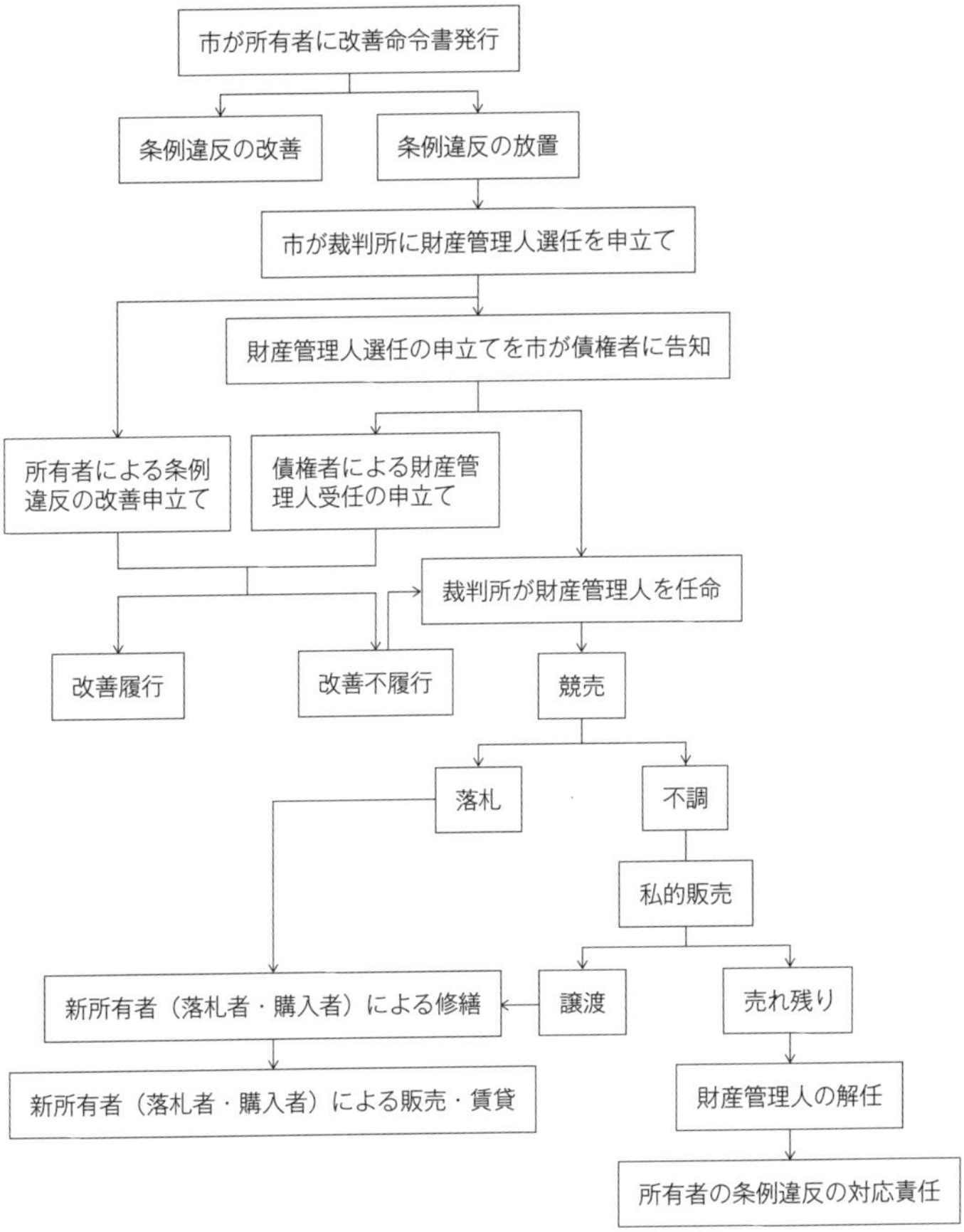

図1　ボルティモア市の財産管理人制度の流れ（空き家の販売を目的とする場合）
（出典：平修久・西浦定継・吉川富夫（2017）「アメリカの管財人制度による空き家再生方策」『都市計画論文集』vol.52、No.2）

を発行した後、罰金の支払いの有無にかかわらず状況が改善されなければ、市が財産管理人制度を適用する。その流れは図1に示すとおりである。

このような命令書の発行および財産管理人制度の適用を、不動産需要が存在すると思われる次のような地区の空き家を対象に実施している。*[17]

①空き家よりも居住者のいる住宅の方が多く、平均的な不動産市場を形成している地区（市が86地区を指定）

②より安定している地区の近隣に位置し、空き家が集中している地区（市が24地区を指定）

③空き家が点在し、新規に修繕した住宅の市場が存在すると思われる地区

ボルティモア市では、固定資産税を滞納した不動産の差押えを実施し、毎年5月に1万2000〜1万4000軒を競売にかけており例年その半数が落札されている。競売にかけられる不動産のリストは、競売の1カ月前に新聞に掲載される。リストに関しては、住宅およびまちづくり部法令執行課がチェックし、財産管理人制度の適用を予定している物件はリストから除外するように競売の担当部署に依頼する。*[18]

3　財産管理人の選定プロセス

ボルティモア市では、市が空き家所有者に対して住宅維持管理の条例違反に関する訴訟を起こす形で、住宅裁判所に財産管理人に選任するように申立てる。その際、市は、50年分の土地の登記簿

を用いて所有者を特定する。[*19]

当初は民間団体も選任申請を行うことが可能で、1990年代後半に非営利法人のコミュニティ法律センターも申請を行い、その際にプロボノ（職業上持っている知識やスキルを無償提供して社会貢献する専門家のボランティア）が申請に協力した。[*20] 2005年頃からボルティモア市が積極的に空き家財産管理人制度を活用しはじめたが、当時の適用件数は年間20〜30件程度であった。その後、申立ての主体を市のみに限定するように条例を改正し、適用件数は大幅に増加した。

なお、裁判所は、債務額が落札価格より大きいと思われる物件であっても、管理人選任の申請を却下することはない。ただし、落札価格が市の債権額を下回る場合には、住宅・まちづくり部が財務部に相談している。また、管理人制度により民間の債権は消滅しても、競売により回収できなかった公的債権は、市が元の所有者に対して保有し続ける。[*21]

市は、裁判所が財産管理人を任命する前に、申立てを行ったことと任命までの手続きについて、すべての債権者に告知することが義務づけられている。債権者は、告知文書の発送後30日以内であれば自らを財産管理人として任命することを裁判所に要請できる。

約半数の所有者が、市に訴えられたことで初めて不動産を失うという事態を認識し、条例違反の改善を申し出て、競売の中止を裁判所に申立てる。[*22] そのような際、裁判所は、所有者、抵当権者、あるいは当該不動産に関心のある人が次の三つの条件を満たせば、当該者に空き家の修繕もしくは除去を許可することができる。

①合理的な期間内に修繕もしくは除去する能力を有する
②修繕もしくは除去を指定期日までに行うことに同意している
③裁判所が定めた保証金を納める

一方、所有者等が裁判所の指定した期日までに空き家の修繕もしくは除去を行わない場合、市が所有者に連絡できなかった場合、あるいは所有者が必要な空き家の修繕をできないもしくは望まない場合には、裁判所は当該不動産の財産管理人を任命する。以上ようなプロセスをとるため、管理人の任命までに6~24カ月を要する。[*23]

財産管理人には非営利法人、銀行、当該住宅に関係のある人・法人が選任されうるが、市の要請により設立された非営利法人のワン・ハウス・アット・ア・タイム（One House at a Time, Inc.:OHAAT）を候補団体とした申立書を裁判所に提出することが大半である。市とOHAATは日常的に連絡を取りあっており、両者の間には強い信頼関係が築かれている。

OHAAT以外では、商業不動産の取り扱いを得意とする民間のケーシー・グループが、年間5件程度、管理人を務めている。そのほか、複数所有者のうちの一人が管理人になるケースも見られる。[*24]

4　財産管理人の職務と権限

財産管理人は、当該住宅の修繕・除去・販売のいずれか一つ以上を行う。財産管理人制度を利用した物件の大半が競売にかけられているが、競売により当該不動産の価値が再評価され、債権が抹消される。そのため、市としては、制度活用にあたり市場価格の競売は好ましいと捉えている。

空き家の修繕もしくは除去を行う財産管理人に対して、裁判所の代理人として次の権限の付与を条例で規定している。

①修繕もしくは除去の契約

②当該不動産の先取特権を担保にして、修繕あるいは除去費用の融資を受けること

③修繕後2年以内の期間にわたり家賃収入を修繕費用や運営費用に充当すること

一方、販売目的の財産管理人は、2年間で不動産が譲渡できなかった場合には解任される。その際、当該不動産の条例違反の対応責任は所有者に戻るが、市に財源があれば住宅を除去すべきかどうかを検討することもある。

また、財産管理人は、どの役割を担う場合であっても、当該不動産を維持管理する責任は問われず、法的問題からも保護されている。

5　財産管理人による競売

OHAATは、すべての物件を修繕せずに、事前に承認された約300の応札希望者を対象に競売を実施している。開催頻度は2カ月に1回で、毎回30〜50件の不動産が出品され、40〜50人の応札希望者が集まる。

競売物件のリストについては、1カ月前に登録した応札希望者にメールで送信しているが、修繕

に要する見込額や土地利用規制等の情報は提供していない。応札希望者は対象物件を事前に見て修繕費用を見積ることができる。なお、落札から所有権移転の間に外壁が崩壊するといった事態が生じても落札価格は変更されないため、応札者はそのようなリスクを覚悟しなければならない。

最低入札額は5000ドル（約55万円）で、この額は財産管理人の費用と空き家の平均価格から設定している。[*25] 落札されなかった不動産は、私的販売としてOHAATのホームページに掲載・販売され、売値は5000ドル未満になることもある。2020年2月1日時点で掲載されている私的販売物件は128件、そのうち契約中が66件、販売中が62件である。このような私的販売のほか、市が最小限の修理を行い、再び入札にかけることもある。

写真1　財産管理人制度による競売の告知が貼られた空き家（ボルティモア市）

ボルティモア市において財産管理人制度を適用した案件の推移を示したものが、表5である。OHAATによる競売の落札率は76・8％、私的販売を含めると販売率は87・4％にのぼり、郡政府による税滞納差押え住宅の競売の落札率の約50％に比べて格段に高い。平均売価については、

表5　ボルティモア市における財産管理人制度案件の推移（2016年9月20日現在）

年	市全体の管財人案件	ワン・ハウス・アット・ア・タイム						
		競売	落札	落札率	私的販売	販売合計	販売率	平均売価
2005					1	1	—	62,500ドル（約688万円）
2006	32	21	21	100.0%	2	23	—	64,195ドル（約706万円）
2007	111	43	37	86.0%	0	37	—	59,595ドル（約656万円）
2008	106	58	49	84.5%	1	50	—	22,950ドル（約253万円）
2009	116	81	63	77.8%	1	64	—	24,350ドル（約268万円）
2010	110	72	62	86.1%	7	69	—	18,000ドル（約198万円）
2011	92	61	56	91.8%	7	63	—	11,717ドル（約129万円）
2012	559	194	139	71.6%	16	155	—	17,859ドル（約196万円）
2013	727	310	231	74.5%	27	258	—	23,108ドル（約254万円）
2014	468	231	184	79.7%	31	215	—	21,321ドル（約235万円）
2015	330	211	142	67.3%	44	186	—	25,028ドル（約275万円）
計／平均	2,651	1,282	984	76.8%	137	1,121	87.4%	23,550ドル（約259万円）

注1：ボルティモア市全体の財産管理人案件は年度単位、ワン・ハウス・アット・ア・タイムは年単位
注2：ワン・ハウス・アット・ア・タイム分は、財産管理人制度以外の物件を含む
（出典：City of Baltimore（2016）*Receivership 101 How to Buy Property Through Receivership* およびOHAAT資料をもとに作成）

２００６年をピークに低下し、２０１１年以降、再び上昇傾向が見られる。

財産管理人の任命後、競売にかけるまでに2～6カ月の期間を要する。さらに、落札者が修繕を行い、入居が可能となるのは、任命から約1年後である。[*26] なお、空き家に残されていた動産に関しては新たな所有者のものになる。

6　競売収入による弁済順位

競売などの収入は、①販売費用（財産管理人の手数料を含む）、②滞納している税金・罰金等、③財産管理人の先取特権、④申立人の申立て費用（弁護士費用を含む）、⑤不動産債権者の債権、⑥所有者の順に支払われることが条例で定められている。このうち、③の先取特権に関しては、市役所内部の取り決めにより、落札価格で市の先取特権すべてをカバーしなくてもよいことになっている。また、①の販売費用については、裁判所が最高５０００ドル（約55万円）と定めている。④の申請コストは、通信費や弁護士費用も含めて平均２０００ドル（約22万円）程度である。[*27]

7　財産管理人制度の成果

ボルティモア市による財産管理人選任の申請に対して、所有者が条例違反の改善に関する申立てを行い、２０１０年11月から２０１４年11月にかけて３１１軒の住宅が修繕され、別途、財産管理人制度により４４８軒が修繕されたという報告がある。[*28] このように、空き家財産管理人制度により、年間で約150軒の住宅が修繕されている。

この数字は、2014年末現在で1万6636軒にのぼる空き家軒数[*29]に比較すると、決して大きくはない。しかし、連続住宅の一体的な修繕が、周辺の住宅の修繕を誘導し、住宅地の再生をもたらした事例も見られる。[*30]また、競売での応札状況や落札価格は、市にとって、日々変化する住宅市場を把握するための情報となるとともに、その後の空き家対策の優先地区の選定においても参考にもなっている。

一方、すべての案件が順調に修繕されたわけではなく、なかには修繕を行わない落札者もいる。その場合、市は落札者に通告を出し、再び競売にかけることもある。

4 フィラデルフィア市の空き家財産管理人制度

1 財産管理人の申立て条件と申立人の役割

2008年、ペンシルベニア州議会は、放棄され荒廃した建造物を再利用し、住民の生活の質を向上するしくみの創設を目的として、警察権を根拠に放棄・荒廃不動産財産管理人制度法（The Abandoned and Blighted Property Conservatorship Act／以下、ABPC法）を制定した。[*31]制度の流れは図2に示すとおりである。

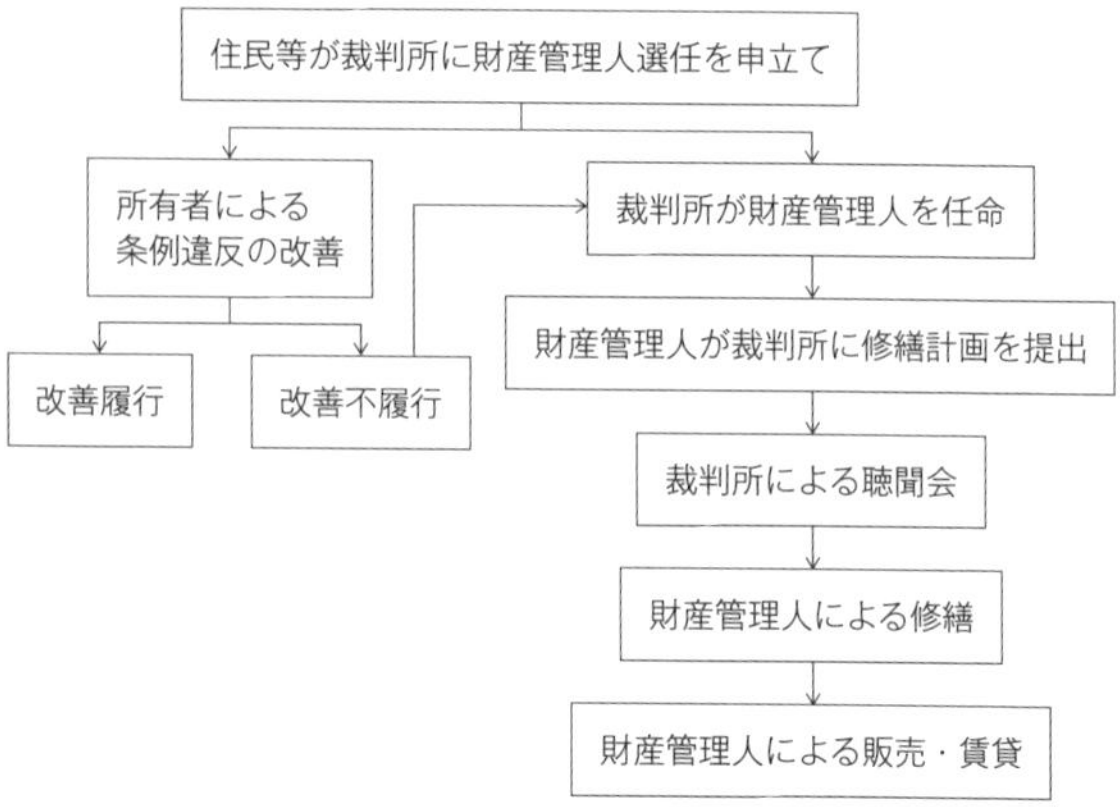

図２　フィラデルフィア市の財産管理人制度の流れ（出典：図１に同じ）

ＡＢＰＣ法では、放棄・荒廃不動産財産管理人を裁判所に申立てできるのは、所有者、債権者、当該空き家から半径約６００メートル以内に居住する住民もしくは事業所を構える経営者、市の再開発公社を含む非営利法人、市および学校区と規定している。市および再開発公社には申立てる意向がなく、市は申立人側の証人という立場をとっている。

また、ＡＢＰＣ法において、申立人は、申立てた空き家に関して、次の9項目のうち3項目以上に該当していることを示さなければならないと定めている。

①建造物が物理的に公的ニューサンスに該当する
②大がかりな修繕が必要であるが、過去12カ月以内に修繕が行われていない
③居住・使用に適さない
④火災の危険性がある
⑤健康被害や危険につながるような侵入が可能であり、所有者が建造物の施錠を怠ったか、市が所有者の代わりに施錠した

⑥子どもにとって危険である
⑦害虫・がれき・雑草・建造物の荒廃などが健康被害および危険をもたらしている
⑧建造物の荒廃した状況が周辺住民の福祉およびビジネスに悪影響を及ぼしている
⑨犯罪行為や路上生活者の侵入をもたらす可能性がある

また、申立人は、税金や公共料金の滞納状況および債務の確認、過去5年間の所有者の医療補助の受領状況の確認、所有者・債権者が兵役義務中であるか否かの確認、当該空き家および周辺の不動産の写真の撮影、地縁団体との相談、所有者および上位の債務者への連絡を行う必要がある。[*32] 加えて、修繕に要する見積金額および資金調達予定を添えて、修繕の予備計画を提出しなければならない。個人の不動産の所有権を奪うことにつながるため、申立人のすべきことは多岐にわたっており、初心者にとって財産管理人の選任申請のハードルは高い。

2　財産管理人の任命

裁判所は、当該空き家が次の条件をすべて満たす場合に財産管理人を任命する。

①少なくとも過去12カ月間、居住・使用されていない
②申立日の60日前から申立日まで販売行為がなされていない
③差押えの対象になっていない
④現在の所有者が過去6カ月以内に当該空き家を取得した明らかな証拠を示すことができない

まず最初に、裁判所は、民間の最上位の債権者を財産管理人に任命することから検討する。当該債権者に能力がない場合あるいは任命を拒否された場合には、当該空き家から半径8キロ以内で同様のプロジェクトの経験のある市内の非営利法人などを任命する。

空き家所有者が合理的な期間内に条例違反などの改善を行うことを申し出た場合には、裁判所は、修繕費用相当額の保証金を納付することを条件に、それを許可することができる。その後、所有者が指定された期間内に改善行為を行わなかった場合、裁判所が財産管理人を任命する。

財産管理人の大半は、非営利法人もしくは民間デベロッパーである。それ以外としては、地縁団体や中立人が財産管理人になるケースもある。

管理人を受諾するか否かの判断は、主に経済面が重視される。しかし、裁判所の役割は、あくまで当該不動産が財産管理人制度を適用する条件を満たしているかどうかについて検討を行うことであって、経済的な損得を考慮することはない。それゆえ、実際に管理人が損した事例も多少ある。[*33]

3 財産管理人の権限と義務

財産管理人の権限と義務として、ＡＢＰＣ法では次の事項を列挙している。

①当該不動産の維持と管理
②未徴収金の徴収
③当該不動産に関する所有者の行為に対する苦情への対応

④建造物の修繕・維持に関する契約
⑤必要資金の借り入れ
⑥電気・ガス・水道の維持・復旧の契約
⑦修繕・維持に必要な機材の購入
⑧裁判所の許可を取得後1年以内の新規の賃貸契約
⑨建造物の保険の確認・更新・新規契約
⑩法律・会計・不動産評価などに関する費用の支払い
⑪不動産が歴史的建造物の指定を受けている場合、関連機関からの補助金・融資の申請および調整
⑫上記以外の補助金・融資の申請
⑬建造物の販売
⑭建造物の修繕・維持に必要なすべての権限の行使

財産管理人は、任命されてから90日以内に修繕の最終計画を提出しなければならない。その後30日以内に聴聞会が開かれ、関係者はその計画に対して意見を述べることができる。裁判所はそれらの意見を考慮した上で修繕と資金の計画の妥当性を評価する。

なお、財産管理人が任命された際、所有者の債務等は財産管理人に移管されない。また、任命以前から存在していた建造物の損害に対しても、管理人が責任を負うことはない。

金融機関からの修繕費用の融資は、政府の先取特権に対しては劣位に置かれているものの、他の

債権よりも優位な先取特権を設定することができる。
また、財産管理人の任期および住宅の修繕完了期日は、個別に裁判所が設定する。

4　不動産収入による弁済順位

売却あるいは賃貸で得られる収入による弁済は、次の順番で行う。所有者が不明の場合には、所有者への配当分は州政府が管理する。

①裁判費用
②市など政府の先取特権
③販売経費
④融資を受けた場合の元本および利子
⑤修繕・維持管理費用および財産管理人手数料
⑥不動産に関する債権
⑦財産管理人の債権
⑧財産管理人申立て費用
⑨所有者

なお、市は先取特権の減額の交渉を受け付けており、[*34] 販売額が①から⑧の合計に達しない場合であっても、すべての債権は抹消される。

5　財産管理人制度の成果

財産管理人任命の申立てに際しては、当該不動産がニューサンスであることを証明する必要があり、申立人にとってその負担は大きい。一方、財産管理人は、裁判所に修繕計画を提出し、承認を得ることが求められており、その手間も多大である。さらには、融資を受けた際の元本および利子の弁済順位が市の債権などよりも低く、金融機関から資金を借り入れにくいという問題もある。こういった諸事情から、２００８年から２０１５年までの実績は約60件にとどまっている。

このような状況に対して、地域住宅法律サービス（Regional Housing Legal Services）では、財産管理人の負担を最小限に抑えることを目的として、財産管理人の先取特権を州および市の先取特権に優先させるようにＡＢＰＣ法の改正を推奨している。

5　空き家財産管理人制度の利点

1　財産管理人制度の位置づけ

財産管理人制度は、所有者が条例違反を改善しないと判断し、従来であれば行政代執行で実施してきた住宅の修繕や除却を非政府セクターに委ねるものと言える。行政代執行は命令不履行に対する行政権限の行使であるのに対して、財産管理人制度は裁判所が第三者に措置実施の権限を公的に

表6　ランドバンクと財産管理人制度の比較

	ランドバンク（オハイオ州）	財産管理人制度
所有権	取得する	競売・販売まで所有権の移転はない
不動産の維持管理	義務あり	義務なし
公的資金注入	固定資産税の罰金を利用	財産管理人に対する公的補助なし
組織	市や郡の役職者が理事 設立時に郡議会の承認が必要 郡の代理人という位置づけ	自治体とは別組織 案件により主体が異なる 裁判所の任命
対象不動産	選択可能	選択の可否は州・自治体により異なる
譲渡先	エンドユーザーの要望をもとに、不動産を取得することもある	不特定（競売の応札者は事前審査が必要）

付与するものである。

また、販売などの収入により債権などを相殺して空き家を不動産市場に戻す手段であり、その点ではランドバンクおよび税滞納差押え不動産の競売と同様の機能を担っている。

2　ランドバンクと財産管理人制度の比較

本項では、財産管理人制度を、先進的とされているオハイオ州のランドバンクと比較する（表6）。

両者の第一の相違点は、所有権取得の有無である。ランドバンクでは所有権を取得し、修繕・除却・保有した上で譲渡を行うが、不動産の取得費用に加えて維持管理の費用も負担しなければならない。そのため、オハイオ州では、固定資産税収の一部をランドバンクの運営費に充当している。一方、財産管理人制度では所有権を取得しないため、不動産取得および維持管理に関わる費用は発生しない。それゆえ、先に紹介したボルティモア市もフィラデルフィア市も、管理人に対する補助金制度は設けていない。

第二の相違点は、組織である。オハイオ州のランドバンクは設立に関して郡議会での承認が必要で、理事には市や郡の役職者を含み、郡政府のエージェントと位置づけられる。それに対して、財産管理人は案件ごとに裁判所が任命し、一般的に非政府組織である。

第三の相違点としては、対象不動産の違いが挙げられる。オハイオ州のランドバンクは、一般的に、方針に沿って不動産を選択した上で取得している。一方、財産管理人制度では、先述のフィラデルフィア市のあるペンシルベニア州のように申立人が市に限定されていない場合であれば市の政策に適合しない不動産も対象になりうる。

第四に、譲渡先に関する違いがある。ランドバンクの場合では、エンドユーザーの要望に基づいて不動産を取得し、譲渡するケースがある。対して、財産管理人制度は問題のある住宅への対応であるため、一般的に制度適用の際にエンドユーザーが決まっていない。

3　税滞納差押え不動産の競売と財産管理人制度の競売の比較

財産管理人の役割として、フィラデルフィア市では修繕・除去を念頭に置いているのに対して、ボルティモア市では販売（競売）が中心である。そこで、税滞納差押え不動産の競売（sheriff sales）との比較では、ボルティモア市の財産管理人制度の競売（public auction）を対象にする。

両者の相違点は、次の3点である。[*35]

第一の相違点は、目的である。税滞納差押え不動産の競売では、自治体の債権回収が第一の目的である。対して、財産管理人制度は不動産の再生を第一の目的としており、競売に際して自治体が債権を減額することもある。

第二の相違点は、不動産市場に関する考慮の有無である。税滞納差押え不動産の競売は、自治体の債権額を最低入札価格としており、不動産市場に対する考慮はなく、価値がそれ以下の不動産は応札されない。一方、財産管理人制度で競売にかけられる物件は、基本的に不動産市場が機能している地区のものを対象にしているため、落札率が比較的高い。

第三の相違点は、応札資格である。税滞納差押え不動産の競売は誰でも応札可能であり、投機家が落札し転売できないままに再び放棄されるケースが見られる。それに対して、財産管理人制度における競売では、応札者の事前審査を行うとともに、指定した期間中に修繕しなかった落札者には次回以降の競売の参加資格を剥奪するという措置がとられる。

以上より、空き家問題の解消という観点から、財産管理人制度の競売の方が税滞納差押え不動産の場合よりも効果的と言える。財産管理人制度の競売では債権の一部を放棄する可能性もあるが、不動産が市場に戻ることにより再び税収が得られる。一方、税滞納差押え不動産の競売では、落札されなかった場合に債権は減額せずに維持できるものの、回収することはできず、当該不動産から継続的に税収が得られることもない。したがって、長期的に見ると、財産管理人制度の方が税収面でも有利だと言える。

4 財産管理人制度の妥当性

連邦憲法修正第5条では、政府による妥当な補償なしの収用を禁止しているが、財産管理人制度も遵守しなければならない。修正第5条の遵守は、所有者もしくは債権者が自らニューサンスを除去することを認めるか、財産管理人による修繕後に修繕費用を支払い不動産を取り戻す機会を与えることで可能である。[*36] 申立て時において所有者や債権者への告知がなされ、これらの者が自ら条例違反に対応することにより制度の適用を止めることができるという適正な手続きが用意されている。また、販売価格がすべての費用を上回った場合、所有者も販売収入の一部を手にすることができる。

財産管理人制度の適用は個人の財産を奪うことになるが、適用対象となる不動産の大半は固定資産税が滞納状態であり、行政による税滞納差押えの対象になる可能性が高い。この点でも本制度の妥当性は高いと言える。

5 自治体から見た財産管理人制度の利点

財産管理人制度を活用することにより、自治体では行政代執行に関わる一連の事務が不要となる。その分、条例違反改善の督促等に注力することが可能となり、周辺に悪影響を及ぼしている空き家をより減少させることができる。

また、行政代執行を実施した場合には経費を回収できないケースが多発するのに対して、財産管理人制度を適用した場合の諸費用は、財産管理人、落札者、あるいは新規居住者が負担することになる。このように、費用面においても、財産管理人制度は自治体にとって有利である。

6 財産管理人制度の限界

以上のように財産管理人制度には多くの長所があるが、次のような限界もある。

・市場価値のない空き家については、競売・販売・賃貸の見込みが立たないため適用できない

・競売ないし個別売買の価格は市場価格を反映するため、アフォーダブル住宅（所得の30％以内の住居費負担で入居できる住宅）には向かない

・維持管理義務から解放されるため、空き家所有者の間でモラルハザードを生む可能性がある[*37]

7 ボルティモア市とフィラデルフィア市の財産管理人制度の比較

当初、ボルティモア市では、民間団体でも財産管理人選任の申立てを行うことが認められており、条文上ではフィラデルフィア市の制度と同様のプロセスをとることが可能であった。その後、ボルティモア市として制度を積極的に活用するという方針を立てたこともあり、申立て者を市のみに限定する方向にシフトし、財産管理人の受け皿となる法人の立上げに関わった。一方、ペンシルベニア州の法律でも、現在のボルティモア市の制度と同様のプロセスをとることは可能であるが、フィラデルフィア市では異なる運用を行っている。

両市の財産管理人制度を比較すると、表7のようにまとめることができる。

表7　ボルティモア市とフィラデルフィア市における財産管理人制度の比較

	ボルティモア市	フィラデルフィア市
市の立場	申立人	申立人側の証人 （申立人は、所有者、債権者、当該空き家から半径約600m以内の住民もしくは事業所の経営者、非営利法人および学校区）
申立て時における所有者による修繕の許可条件	①合理的な期間内に修繕もしくは除去する能力の提示、②修繕もしくは除去を指定期日までに行うことに同意、③裁判所が定めた保証金の納付	修繕費用相当額の保証金の納付
財産管理人に任命される法人	非営利法人、銀行、当該住宅に関係のある人・法人。大半は非営利法人のOHAAT。任期は最長2年	優先順位：①民間の最上位の債権者、②市内に位置し、当該不動産から半径8km以内で同様のプロジェクトの経験のある非営利法人など。任期に関する規定なし
財産管理人の主な役割	販売	修繕
修繕主体	競売または私的販売で購入した主体	財産管理人
売買方法	競売および私的販売	個別売買
対象物件の立地場所	市が設定したターゲットエリア	申立人任せ
弁済の順番	①競売費用と司法費用、②財産管理人の手数料、③滞納されている税金・罰金等、④申立人の申立て費用、⑤不動産債権者の債権、⑥所有者	①裁判費用、②市など政府の先取特権、③販売経費、④借入金および利子、⑤修繕・維持管理費用および財産管理人手数料、⑥不動産に関する債権、⑦財産管理人の債権、⑧財産管理人申立て費用、⑨所有者
譲渡価格	競売の最小応札額は5,000ドル（約55万円）。譲渡価格は①～⑤の合計より低くても可	①～⑧の合計より低くても可
実績	2,651件（2006～15年）	約60件（2008～15年）

まず大きく異なる点は、市の立場である。ボルティモア市では、市が唯一の中立人と規定されている。したがって、所有者が条例違反を改善する見込みがないという判断を市が行い、裁判所では市の対応経過および判断根拠を確認する。これにより、市の方針に基づいて特定した空き家を制度の適用対象にすることができ、担当職員がルーティンとして効率的に申立て手続きをこなすことが可能である。一方、フィラデルフィア市は、ABPC法において市も申立てできることが規定されているものの、申立人の立場をとらず、市の役割は申立人への情報提供および裁判所での申立人側の証人にとどまっている。そのため、申立人は申立ての妥当性を示す責務を負う。加えて、同一の申立人が複数の申立てを行うことはほとんどないため、ノウハウが蓄積されない。また、このような市の関与の仕方の違いにより、ボルティモア市では市と空き家所有者との間の訴訟という形式をとるのに対し、フィラデルフィア市では民間対民間という民事案件として扱われている。

第二に、財産管理人の選定プロセスの違いが挙げられる。ボルティモア市では基本的に市が申立てた候補法人がそのまま任命されるが、フィラデルフィア市では裁判所が選定を行う。ボルティモア市には、財産管理人の候補としてOHAATという非営利法人が市の関与のもと設立されており、同法人が大半を担うことで任命に要する時間を最小限にしている。対して、フィラデルフィア市では案件ごとに選定するため時間がかかる。

第三に、財産管理人の主要な役割に違いが見られる。ボルティモア市では販売（競売）が主たる役割である一方、フィラデルフィア市では修繕である。そのため、当然ながら修繕主体が異なる。

（出典：図1に同じ）

ボルティモア市では競売ないし私的販売で不動産を取得した新規所有者が修繕するのに対して、フィラデルフィア市では財産管理人が行う。後者では裁判所による修繕計画の承認手続きが必要とされているが、前者の新所有者には裁判所への書類提出や承認手続きという負担はない。

以上のように、ボルティモア市の制度の方が、「申立ておよび任命の事務処理時間が短いこと」「修繕計画に関する裁判所の承認が不要なこと」「多くの案件を扱えること」「政策的に対象案件を選定できること」といった点でフィラデルフィア市の制度よりも優れていると言える。ただし、フィラデルフィア市では、ランドバンクにより政策的に空き家・空き地を取得して不動産市場に戻しており、財産管理人制度はその補完的な手段となっている。

注

＊1 Alan Mallach(2006)*Bringing Buildings Back*, National Housing Institute

＊2 John Lyons & Judy F. Berkman(2011)*Pennsylvania's Abandoned and Blighted Property Conservatorship Act Implementation and Best Practices Manual*

＊3 不在者財産管理人の場合は、不在者の従来の住所地または居所地を管轄する家庭裁判所。相続財産管理人の場合は、相続を開始した地を管轄する家庭裁判所。

＊4 国土交通省「地方公共団体の空き家対策の取組事例2（平成30年3月末時点）」

＊5 空家問題対策プロジェクトチーム・川口市（２０１７）「所有者所在不明・相続人不存在の空家対応マニュアル」

＊6 弁護士・近藤宏一氏へのインタビュー調査、２０１８年７月６日

＊7 前掲＊5

＊8 前掲＊5

＊9 前掲＊5

＊10 前掲＊5

＊11 川口市へのインタビュー調査、２０１８年８月９日

＊12 前掲＊6

*13 前掲*6
*14 前掲*5
*15 前掲*5
*16 ボルティモア市へのインタビュー調査、２０１８年8月31日
*17 Joan Jacobson (2015) *Receivership: The Key Strategy in Baltimore's Fight Against Vacants*
*18 前掲*16
*19 所有者が特定できない場合であっても、空き家財産管理人の任命申立ては可能。
*20 前掲*16
*21 前掲*16
*22 ボルティモア市へのインタビュー調査、２０１６年9月6日
*23 Joan Jacobson (2015) "Vacants to Value: Baltimore's bold blight-elimination effort is making modest progress despite limited renovation funds and questionable accounting," *The Abell Report*, Vol.28, No.5, the Abell Foundation
*24 前掲*16
*25 前掲*16
*26 City of Baltimore (2016), *Receivership 101 How to Buy Property Through Receivership*
*27 前掲*16
*28 前掲*17
*29 前掲*17
*30 詳細は7章2節を参照のこと。
*31 前掲*2
*32 前掲*2
*33 メラニー・レイシー氏へのインタビュー調査、２０１８年9月6日
*34 フィラデルフィア市へのインタビュー調査、２０１６年9月7日
*35 フィラデルフィア市の場合、第二、第三点は、税滞納差押え不動産の競売との明確な違いはない。
*36 Matthew J. Samsa (2008) "Reclaiming Abandoned Properties: Using Public Nuisance Suits and Land Banks to Pursue Economic Redevelopment," *Cleveland State Law Review*
*37 ワン・ハウス・アット・ア・タイムへのインタビュー調査、２０１６年9月9日

6章

都市再生に向けた空き地の活用

本章では、空き地を活用した都市再生の試みを取り上げる。まず、空き地を地域の資源と捉え、その中で日本各地の空き家条例についても概観する（1節）。次に、全米の諸都市で空き地対策として取り組まれてきた「緑の都市」戦略について述べる（2節）。続いて、先駆的に進められたクリーブランド市のリイマジニング・プログラム（3節）と都市農業政策（4節）を取り上げ、その具体的事例としてシャトーヒュー・ワイナリーを紹介する（5節）。そして、空き地緑化の成功事例としてフィラデルフィア市のランドケア・プログラムを分析し（6節）、ボルティモア市の緑地推進政策について解説する（7節）。

1　空き地を地域の資源と捉える

都市の空き地は、かつては子どもたちの遊び場であった。当時、ある程度広い空き地は「原っぱ」と呼ばれ、公園整備が追いついていなかった時代には都市の貴重な空間であった。やがて都市化が進み、将来の開発用地としてみなされ、空き地は過渡的な土地利用の状態と捉えられるようになった。

しかし、人口減少への転換に伴い、大半の空き地の開発可能性は低下の一途をたどり、都市によってはその可能性すら消滅しているのが現状である。そのため、日本では空き地の負の面が指摘されるようになっており、雑草繁茂による害虫の発生、アレルギー物質の拡散などの衛生・健康問題、景観の悪化、治安の悪化、不動産価値の低下といった周辺への悪影響が問題視されている。周辺に悪影響を及ぼしている住宅を除去したとしても、その後に空き地を放置しておくと、このような諸問題が発生する。

日本の空き地の総面積は、２０１３年度の土地基本調査によると、２００８年に９９１平方キロから２０１３年には１４１３平方キロへと増加している。ただし、ここでの空き地には、未利用地、駐車場、資材置場も含まれており、すべての空き地が周辺に悪影響を及ぼしているわけではないが、空き地全体としては増加傾向にあることが見てとれる。今後の見通しとしても、世帯数もやがて減少しはじめ、不動産需要はますます弱まると考えられ、それとともに空き地もさらに増加し、その維持管理が地域社会にとって大きな問題になる可能性は大きい。

一般に、日本の税務署では、市場価値が一定程度ない限り、現金の代わりに不動産の物納を受け付けることはない。加えて、大半の自治体もコストのかかる不動産の寄付は受け付けていない。維持管理や競売の手間と費用がかかり、場合によっては買い手が現れないためである。

ちなみに、日本では、空き家条例よりも先に空き地条例が制定された。火災予防の観点から、早くも１９６１年には千葉県の成田市と富里市（当時は富里町）、岐阜県の土岐市において条例が制定され、１９６８年以降には空き地・空閑地の維持管理の観点からも条例が制定された。別途、環境保全条例の中に空き地の維持管理を盛り込んでいる自治体も散見される。

表1　埼玉県内における空き地関連条例の内容

内容＼自治体数	条例で規定	規則で規定	計
所有者等の責務	46		46
市長の指導助言	53		53
必要な措置の勧告	46		46
除草等の命令	37		37
除去の代行（代執行）	17		17
立入調査等	5		5
空き地の活用	23		23
除草の自治体への実費委託	8	19	27
草刈機の貸し出し		2	2
雑草等除去業者のあっせん	1	9	10
自治体による無料借り上げ		2	2
埋め立て		2	2

注：2020年1月現在、埼玉県全63市町村のうち、54市町が条例を制定している

条例制定率が比較的高い埼玉県を例にとると、1968〜77年の10年間で、28の市町が空き地・空閑地の環境保全や雑草除去に関する条例を制定した。条例の内容は表1に示すとおりである。指導・助言、勧告、命令を経ても改善がなされない場合については、20市町（38％）が行政代執行を規定している。また、規則において、所有者が自治体に実費で除草を委託するしくみを用意している自治体も目立つ。

このような条例を知っているか否かは不明であるが、空き地の維持管理を行っている所有者

はある程度おり、ウェブサイトで草刈り業務を行う民間企業を簡単に見つけることもできる。例えば、大里綜合管理株式会社（千葉県大網白里市）では、50坪（165平方メートル）までの土地であれば年2回（春・秋）の草刈りを15000円／年で請け負っており、約8500区画の維持管理を行っている。ここまで大量の業務を扱っている企業はごく稀である。

一方、アメリカの諸都市では、居住者の有無を問わず、住宅の外部空間の維持管理義務を所有者に課している。2章で見たように、草に関しては高さ制限を設けており、一定の高さ以下に維持することを条例で定めている。条例違反の場合には改善命令が出され、それでも改善されない場合には行政代執行により草刈り等が実施される。諸経費は所有者に請求されるが、回収率は高くない。

諸経費が支払われなかった場合には、自治体に先取特権である留置権（目的物を補修したが補修代金の支払いが未了の場合に、その支払いを受けるまで目的物を所有者に返還せず、留めおくことが可能な権利）が発生する。留置権は、個人ではなく不動産に対するものであり、固定資産税の滞納で差押えられた際には経費は請求されなくなる。したがって、空き地を費用負担して維持管理しても経済的に意味がないと判断し、何もなさずに放棄するケースが多々見受けられる。

空き地は、放置しておくと周辺に迷惑という不経済をもたらす。そのゆえ、空き地は、人々から嫌われ、敬遠され、不法行為が行われうる場所となる。しかし、見方を変えると、地域にとっての資源にもなりうる。土地はいったん何らかの目的で使用されると、変更することは難しく時間もかかる。その観点からすると、空き地は未利用の状況に戻った土地と捉えることができ、将来の開発用地になりうる資源とも言える。

他方、空き地は、コンクリートとアスファルトで覆われた都市において、土と緑という自然が維持されている空間でもある。整備・維持されている空き地であれば、人々に愛され、集いの場として大切に使われる場所にもなりうる。そのような場所に人々が集い、人間関係が再構築されることが、住宅地の再生のスタートラインとなる。

空き家は、ある程度のお金をかけて除去するか修繕しない限り、地域にとって迷惑な存在でしかない。それに対して、空き地は少額のコストで、地域住民が利用可能なオープン・スペースに変えることが可能である。

緑地自体は収入を生まない。それゆえ、地価の高い土地を緑地として使うことは一種の贅沢とも言える。それは、建て詰まった都市空間にとってのゆとりとも位置づけられる。

2　空き地対策としての緑の都市戦略

アメリカには、以前から「緑の都市（green city）」というコンセプトが存在していた。そこでは、環境の観点から都市の緑化ないしは緑を捉え直し、積極的に有効活用していくことが目論まれている。

全米の各都市で空き地が増加したことを受けて、「緑の都市」のコンセプトは、1980年代から90年代にかけて、空き地対策の主要な戦略としても活用されるようになった。具体的に、空き地は公園、コミュニティ・ガーデン（市民農園）、ブドウ畑、果樹園などとして再利用されている。さらに、農地として活用する場合には、食の安全確保、地域経済の活性化、雇用創出といった効果も生み出している。

ただし、緑化を再開発を待つ土地の一時的利用として行うのか、長期的に緑地として維持管理するのかについては判断が難しいところである。空き地の存在する地区の再成長のポテンシャルがどの程度あるのかを見極める必要がある。

自治体や市民団体の多大な努力にもかかわらず、都市の空き地の多くは放置されたままである。その対策の一つとして持続可能な緑化を進めるにあたっては、互いに関連する二つの問題が立ちはだかっている。

一つ目の問題は資金不足である。一つ一つの空き地の緑化コストは少額だが、すべての空き地を緑化するとなると膨大なコストが必要になる。カヤホガ郡のランドバンクは、2011年から2015年にかけて、住宅解体後の空き地を整地し雑草を刈る業務だけで223万ドル（約2億5000万円）を支出している。また、フィラデルフィア市は、他の都市に比べて公的資金を緑化に充当しているものの、緑化を待っている空き地はまだまだ多数ある。

二つ目の問題は、緑地の維持管理に多大な労力を要することである。緑地の維持管理は継続的に行われるべき活動であるが、時間の経過とともに住民たちの熱意が薄れていくことは否めない。[*1]

近隣で十分な労力が得られない場合には、空き地を隣接住宅の所有者をはじめとする個人に安価で譲渡することが多い。実際、そのようなしくみは、隣地プログラムとして多数の自治体やランドバンクで採用されている（4章参照）。

いち早く空き地の緑化に取り組んだ自治体として挙げられるのが、クリーブランド市とフィラデルフィア市である。のちに両市の先進的な取り組みは全米各地の自治体で続々と採り入れられた。そのような緑化により、健康の改善、健康的な食事、犯罪率の低下、不動産価値の上昇といった効果がもたらされていることも報告されている。

コラム　市民団体による緑化活動

コミュニティ・ガーデンの成功事例として、まずはニューヨークの「グリーン・ゲリラ(Green Guerillas)」の活動を紹介しよう。その始まりは1970年代初頭にさかのぼる。コミュニティ・ガーデンをまちづくりの道具と位置づけて活動を開始。当初は、空き地のフェンス越しに「緑の援助の種」を投げ入れたり、道路の中央分離帯にひまわりの種を撒くことからスタートし、空きビルの窓敷居に花のプランターを置くなど、活動の幅を広げていった。その後、がれきが散乱している空き地に着目し、コミュニティ・ガーデンとして整備する活動へと移行していった。やがて、市域全体に続々とコミュニティ・ガーデンがつくられ、活発な市民グループも生まれた。現在、その数は600カ所以上にのぼる。土に触れる機会を子どもに提供する場にもなっており、夏の暑い日には木陰で涼む住民を目にすることもできる。なお、グリーン・ゲリラでは、土壌や材木といった資材、果樹や野菜の種も提供している。[*2]

西海岸の事例としては、シアトルの「Pパッチ（P-Patch）」が有名である。子どもたちに野菜の栽培について学んでもらいたい、また、地域で食料を必要としている人に新鮮な野菜を届けたいというワシントン大学の学生の想いから、1973年に活動を開始。当時は、不況による失業者が多かったこともあり社会的活動が盛んだった頃で、「土に帰ろう」というムーブメントが始まった時期でもあった。第1号のコミュニティ・ガーデンがピカード農園（Picardo Farm）の一角を使用したことにちなんで、活動の名称がつけられた。同年に、レクリエーションの推進とオープン・スペースの創出を目的としたシアトル市のプログラムとなった。以後40年間で、88カ所のコミュニティ・ガーデン（6万3300平方メートル）、7万6000平方メートルの公共オープン・スペースを整備している。2014年には、18・7トンの農作物をフードバンクなどに寄付した。なお、開始当初は農地のみを使用していたが、のちに空き地を対象に含めている。[*3]

都市の植樹活動の成功事例としては、ロサンゼルスの「ツリーピープル（TreePeople）」の取り組みが挙げられる。ツリーピープルは、植樹、樹木の手入れ、雨水の貯留、修景といった活動を、市民の協力を得ながら実施している民間団体である。これまでに200万人以上の協力を得て200万本以上の樹木を植え、手入れを行ってきた。また、ツリーピープルでは、先進的な法律・政策の立案に向けてあらゆるレベルの政府と協働している。さらには、地域の水資源を確保し、コミュニティをより健康にするためには、緑を増やし大切に手入れすることが、技術的にも、社会的にも、環境的にも有効であることを過去20年以上にわたり提示している。[*4]

3 クリーブランド市のリイマジニング・プログラム

クリーブランド市は、人口のピークを早くも1950年に迎え、その時点の人口は91万人であった。その後、経済構造の変化などにより大幅に人口を減らし、2015年には39万人まで減少した。それに伴い、大量の空き家・空き地が発生し、2009年時点での空き地の総面積は13・35平方キロにのぼり、その大半で維持管理が不十分であった。その一方で、市は毎年約1000軒の空き家を解体、空き地は増加し続けた。[*5] なお、約20000区画あった空き地のうち、8000区画は市のランドバンクが所有していた。[*6]

このような状況下で、コミュニティ開発法人のネイバーフッド・プログレス、クリーブランド市都市計画審議会、ケント大学が協力し、空き地の再利用戦略の検討に着手した。検討にあたっては、同市が五大湖の一つであるエリー湖に面していることから「青い湖に面する緑の都市」を標榜することを出発点とし、空き地の緑化が必須であるという認識が共有された。当時すでに大量に存在し、なおかつ増加傾向にあった空き地は、近い将来にすべてを従来型の開発のために使われることが想定できない状況にあった。空き地の最終的な利用がどうあれ、生産的な利用と公共の利益をゴールとして設定すべきであるとして、経済的リターンおよび自然の生態系の回復・充実がもたらされることが期待された。検討成果である政策提言は、２００８年に市の都市計画審議会で採用された。

採用された主な政策提言は次のとおりである。[*7]

・市のランドバンクが所有している空き地の活用に関する意思決定の流れを定める（図１）
・市のランドバンクが所有している空き地の処分を早める
・将来の土地利用や雨水排水処理の戦略を策定する際に、水文や土壌に関するデータを用いる
・８００メートル以内に少なくとも1カ所、コミュニティ・ガーデンか販売用農園を造成する

また、同市の都市計画では、次のような空き地活用戦略を示している。[*8]

①住宅地の安定化と維持

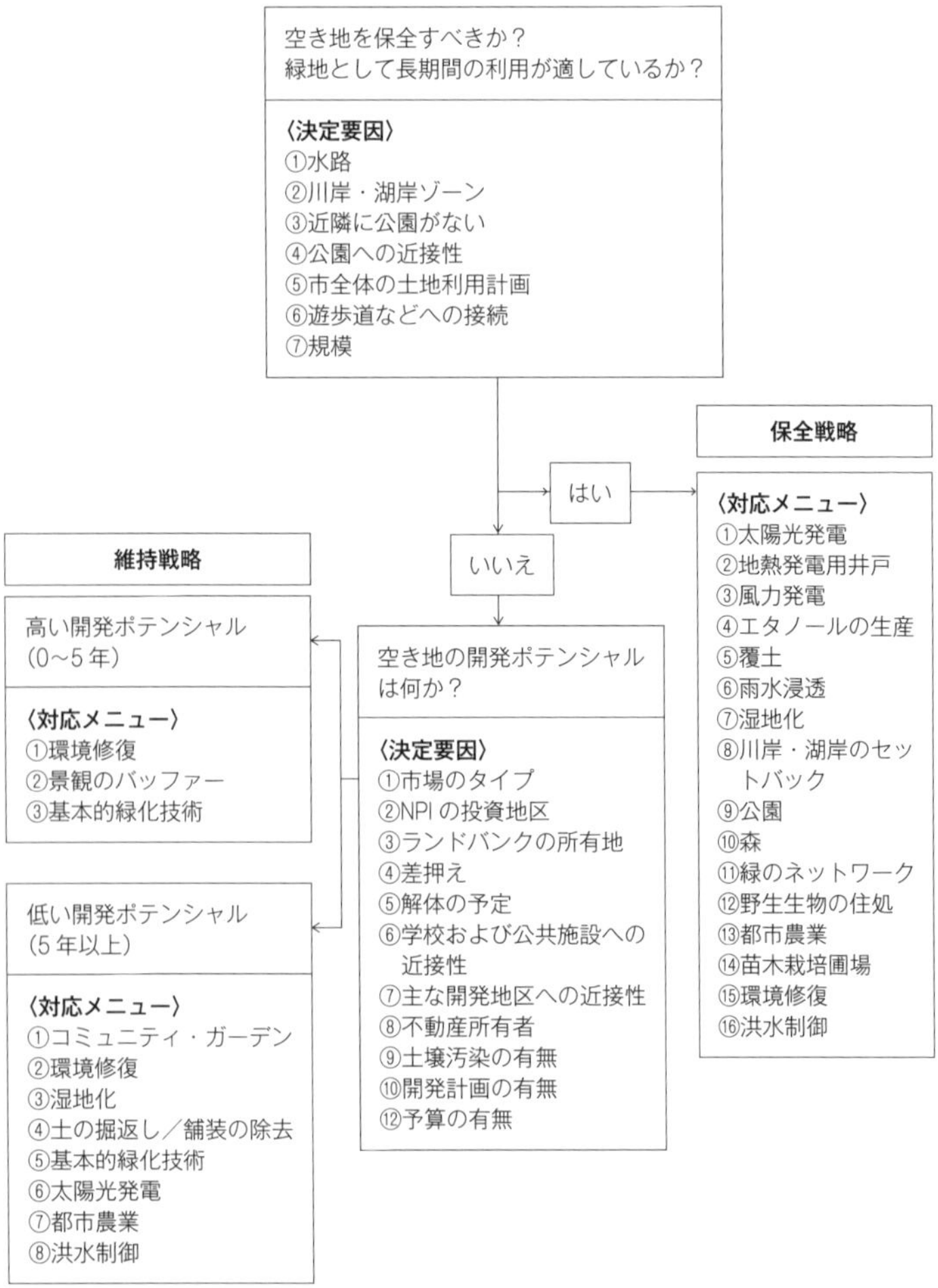

空き地を保全すべきか？
緑地として長期間の利用が適しているか？
〈決定要因〉
①水路
②川岸・湖岸ゾーン
③近隣に公園がない
④公園への近接性
⑤市全体の土地利用計画
⑥遊歩道などへの接続
⑦規模
はい
保全戦略
〈対応メニュー〉
①太陽光発電
②地熱発電用井戸
③風力発電
④エタノールの生産
⑤覆土
⑥雨水浸透
⑦湿地化
⑧川岸・湖岸のセットバック
⑨公園
⑩森
⑪緑のネットワーク
⑫野生生物の住処
⑬都市農業
⑭苗木栽培圃場
⑮環境修復
⑯洪水制御
いいえ
空き地の開発ポテンシャルは何か？
〈決定要因〉
①市場のタイプ
②NPI の投資地区
③ランドバンクの所有地
④差押え
⑤解体の予定
⑥学校および公共施設への近接性
⑦主な開発地区への近接性
⑧不動産所有者
⑨土壌汚染の有無
⑩開発計画の有無
⑫予算の有無
維持戦略
高い開発ポテンシャル
(0～5 年)
〈対応メニュー〉
①環境修復
②景観のバッファー
③基本的緑化技術
低い開発ポテンシャル
(5 年以上)
〈対応メニュー〉
①コミュニティ・ガーデン
②環境修復
③湿地化
④土の掘返し／舗装の除去
⑤基本的緑化技術
⑥太陽光発電
⑦都市農業
⑧洪水制御

図 1　ランドバンクの意思決定フローチャート
（出典：Neighborhood Progress, Inc., Cleveland City Planning Commission & Kent State University (2008) *Re-Imagining A More Sustainable Cleveland*）

近い将来に開発が想定される地区では、低予算で簡単な維持管理が最も効果的である。この戦略を適用する空き地の選定基準としては、5年以内に開発される可能性が高いこと、所有者か地域住民が維持管理する力を有していることが挙げられる。

②余暇活動機会の増加を図り、生態系を回復させ、汚染物質を除去

空き地を緑化することにより、雨水排水の管理、土壌の回復、大気質の改善、炭素の固定、ヒートアイランド現象の緩和、昆虫や小動物の住処の形成、生物多様性の維持などに貢献する。また、クリーブランド市では30%以上の子どもが鉛毒を受けているという報告があり、大気中の鉛の濃度が問題視されている。背の低い草を植えることにより、土中の鉛の飛散を減らすことができる。

③生産的な風景の創造（農業による自然エネルギーの生産）

空き地を活用することで、太陽光、風力、地熱、バイオ発電が可能である。

具体的な方策の一つとして、「草を刈って所有するプログラム（Mow-to-Own Program）」が提案された。これは、隣接不動産所有者が市の基準に沿って空き地を1年間維持管理した場合に、ランドバンクがその空き地の所有権を譲渡するというものである。維持管理が適切に行われない場合には、所有権はランドバンクに戻される。*9

なお、緑化の整備基準については種別に整理されており、コミュニティ・ガーデンに関しては次のとおりである。*10

・広さが370平方メートル以上
・日照が8時間以上
・付近に消火栓などの水源があること
・関わる人が8～10人確保できること
・開発の可能性が低いこと
・世帯密度が1万平方メートル当たり50世帯以上で、近隣に食品店がない地区を優先

2009年には、コミュニティ・ガーデンをはじめとする緑化を推進するために、ケント大学とネイバーフッド・プログレスが『RE-IMAGINING Cleveland Ideas to Action Resource Book』というガイドブックを作成した。加えて、ケント大学が多様なタイプの緑化のモデルなどを紹介するパターン・ブックも発行した。

さらに、同年、ネイバーフッド・プログレスとクリーブランド市が、空き地の再利用に関する競争的な助成プログラムである「リイマジニング・クリーブランド（Re-Imagining Cleveland）」を創設した。ランドバンク所有の空き地をコミュニティの資産に転換するプロジェクトを助成の対象として、生態系の機能の回復・強化、経済的利益の向上、健康増進、コミュニティの誇りの醸成といった観点からプロジェクトが選考された。最終的に50万ドル（約5500万円）の基金は56のプロジェクトに配分され、面積にして約60万平方メートルの空き地が再利用された。[*11] うち26プロジェクトが緑化戦略や緑のインフラに関わるもので、サイドヤードの拡張、ポケット・パーク、雨水浸

透ガーデン、植生を使った環境の修復、在来種の育苗園などを含む。それ以外の30のパイロット・プロジェクトは、コミュニティ・ガーデン、販売用農園、果樹園、ブドウ畑、農地など、農業利用への転換である。これらにより、起業家精神の醸成、安全かつ新鮮な地元農産物の供給につながった。なお、本プログラムは、資金の提供元であった財団の関心が他に移ったために3～4年で終了した。２０１８年現在、クリーブランド市には、市が把握しているだけでも２００以上のコミュニティ・ガーデンがある。

4 クリーブランド市の都市農業政策

アメリカにおけるコミュニティ・ガーデンが日本の市民農園や貸し農園に相当するのに対して、都市農業は販売用の農作物を栽培する経済活動に該当し、農薬の使用量が少なく安全で健康的な食材を有償で提供することに加え、新たな雇用の創出にもつながり、子どもたちの教育機会の場にもなっている。

クリーブランド市では、市民の健康増進、持続可能性の向上、地域経済支援を目的として都市農業を推進し、２００７年にゾーニング制度において「都市ガーデン地区」を新設した。これは、菜園を適切な場所に立地させ、地区の食糧生産の増大、健康増進、教育や職業訓練機会の拡大、環境

写真１　販売用農園の例（クリーブランド市）

および緑地の保全、コミュニティの活性化を図ることを目的としており、全米において先進的な用途地域である。同地区の主要な規制は次のとおりである。

・建造物は、敷地境界から1・5メートル以上離す
・建造物の高さは、7・5メートル以下とする
・すべての建造物の総面積は、敷地面積の15％未満とする
・駐車スペースは、敷地面積の10％以下とする
・フェンスの高さは1・8メートル未満とし、1・2メートル以上の場合は50％以上を開放する

2009年には、都市内の農地で、鶏・ミツバチ・その他の家畜を飼育することを認める条例を制定した。ただし、近隣住民への迷惑を防止し、衛生と安全を維持することを条件としている。

写真２　都市農業改革ゾーンの農園（クリーブランド市）

　また、２００８年には、都市農業を志すベンチャー起業家を支援することを目的として、「営農プログラム（Gardening for Greenbacks Program）」が創設された。このプログラムは、住民が新鮮で健康に良い食糧を手頃な価格で得られることにもつながっている。申請者は販売用農園の訓練を修了したか都市農業の経験がある者に限定されており、用地を確保し、地域内で販売する契約か協定を締結することが求められる。助成金額の上限は５０００ドル（約55万円）である。*12

　例えば、安全な食料と若者の教育機会を提供する活動を行っている非営利法人のホールデン・フォレスト・アンド・ガーデンズ（Holden Forest & Gardens）では、クリーブランド市内に4カ所の農園を運営している。写真1の農園の土地は廃業した飲食店を解体した空き地で、地元のコミュニティ開発法人（Community Development Corporation：ＣＤＣ）から年1ドル（約１１０円）で借りている。同ＣＤＣでは、当面の開発需要が期待できない空き地の維持管理の負担を回避できるため、１ドルという極めて安い賃料を設定している。

写真2の農園は、クリーブランド市が都市農業改革ゾーンに指定した地区に位置する。以前は住宅地であったが、やがて住民が流出し、すべての住宅が解体された。その後に放置された3万2000平方メートルの空き地は「忘れられた三角地帯」と呼ばれ、ゴミの不法投棄が横行する場所となっていた。この農園では、果樹・野菜の栽培、堆肥の生産、魚の養殖、農家レストランの営業が複合的に行われている。農園を経営するリッド・オール社は、ランドバンクから、年に数ドルというタダ同然のリース料でこの土地を借りている。

5 クリーブランド市のシャトーヒュー・ワイナリー

本節では、クリーブランド市リイマジニング・プログラム（RE-IMAGINING Program）により実現されたプロジェクトの一つとして、シャトーヒュー・ワイナリーを紹介する。本プロジェクトは2010年5月にスタートし、現在では全米で数少ない市街地内の商業ベースのブドウ畑として知られている。

ヒュー地区は、市内で最も衰退した地区の一つであり、1966年には人種暴動が発生した場所でもある。空き家や空き地が数多く存在しており、税滞納差押え後にクリーブランド市のランドバンクが取得した不動産もある程度存在していた。そのうちの3区画の空き地を統合して、ランドバ

写真3　シャトーヒュー・ワイナリーのブドウ畑（クリーブランド市）

ンクが安価で貸し出すことにより、広さ3万平方メートルのシャトーヒューが造成された。[*13] 市内の空き地のうち、工場跡地については土壌汚染の可能性があり、埋め立て地の場合にも土壌検査が必要であるが、このシャトーヒューはかつて住宅地であり、土壌汚染の心配はなかった。そこで、先述のプログラム「リイマジニング・クリーブランド」により1・5万ドル（約165万円）の助成金を得て、畑づくりが行われた。

プロジェクトの最終ゴールは、クリーブランド市街地にワイン醸造所を操業することとした。また、仮に醸造所ができなかったとしても、地域コミュニティの再生、新しい人間関係づくりに貢献するためにプロジェクトが進められた。そこで、近隣コミュニティに呼びかけてボランティアを集め、雑草を燃やし、土を掘り起こし、表層土をかぶせる作業を行った後、2種類のブドウの苗木294本を植えた。初めてブドウが実った年は鳥に食べられてしまったものの、対策として鳥よけのネットを張り、2013年にはブドウを無事に収穫した。[*14] その後、ブドウ畑の隣に放棄されていた住宅を醸造所に改造、ワインを醸造し、市内の高級レストランに提供したり、販売を行ったりしている。

さらに、敷地内にバイオセラーも整備した。魚と植物を複合的に育てることのできる施設で、具体的にはきのこ・ハーブ・花卉などを栽培している。[*15] 施設内を10〜13℃の温度に保っており、通年の生産が可能である。このバイオセラーを整備したことで、食料調達が困難な地域への対応も可能となり、元収監者や退役軍人といった人々の就業の場としても機能している。

6 フィラデルフィア市のランドケア・プログラム

1 経緯

フィラデルフィア市は、園芸に関して長い歴史を有している。1827年に、農業従事者・植物学者・植物愛好家により、全米初の園芸協会であるペンシルベニア造園協会（Pennsylvania Horticultural Society：PHS）が創設された。PHSは、1829年から大規模な室内フラワーショーを開催することで園芸を世に広めるとともに、財政基盤を強化しつつ同市の緑化に長年携わってきた。

このような長期にわたる活動を経て、PHSは、10カ所の空き地をコミュニティ・ガーデンにする活動に着手し、1974年に市のレクリエーション部の協力のもとフィラデルフィア・グリーン（Philadelphia Green：ＰＧ）を結成した。ＰＧは、１９９０年代までに25カ所の市民菜園を整備、２０２本の樹木を植え、面積にして９７９３平方メートルの新規住宅および商業施設用地の取得と開発を行った。また、１９９５年には、ニューケンジントン・コミュニティ開発法人と協力し、空き地の維持管理プログラムを開始し、２００２年までに７００カ所にのぼる空き地の緑化を手がけた。[*16]

その一方で、フィラデルフィア市では長引く不況に伴い人口が大幅に減少した。そのため、ＰＧの献身的な活動にもかかわらず状況は好転せず、ブルッキングス研究所が、２０００年に行った調査をもとに、全米83都市の中で同市が最も空き地・空き家の多い都市であることを発表した。さらに、２００１年に、市内に３万１０００カ所の空き地と２万６０００軒の放棄住宅があることを市が公表した。加えて、その空き地の多くが、所有者が死亡あるいは不在の状態で維持管理がなされないまま放置されており、また、放棄住宅の大半が構造的に危険な状態にあるため早急な解体が必要であるという調査報告も行った。

深刻な空き地問題に対応するため、フィラデルフィア市は、清掃・緑化・維持管理を内容とするランドケア・プログラムを２０００年にパイロット・プロジェクトとしてスタートさせた。さらに、翌２００１年に、ジョン・Ｆ・ストリート市長が2・5億ドル（約２７５億円）の「住宅地改造政策（Neighborhood Transformation Initiative：ＮＴＩ）」を立ち上げ、荒廃した住宅地の再生に乗りだした。[*17]

ストリート市長は、ＮＴＩの目標として、①１万４０００軒の危険な空き家の除去と２０００軒の空き家の応急措置、②３万１０００カ所の空き地の清掃の２点を設定した。空き地の維持管

表2　住宅地改造政策（NTI）の実施状況（2000 ～ 07 年）

再生内容＼年度	2000	2001	2002	2003	2004	2005	2006	2007（第1～3四半期）	計
放置自動車の除去［台］	62,762	53,033	53,813	38,540	27,403	21,626	17,835	4,122	279,134
落書きの除去［カ所］	34,464	54,533	74,720	90,876	91,100	92,375	93,272	26,592	557,932
空き地の清掃［カ所］			35,787	12,186	11,270	9,367	10,014	6,843	85,467
建物の除去［棟］			1,040	573	1,380	984	1,056	411	5,444
建物の清掃と封鎖［棟］			1,769	1,475	1,515	1,456			6,215

（出典：City of Philadelphia, Office of the Mayor（2007）*Neighborhood Transformation Initiative*）

理対策としては、2001年に「空き地清掃プログラム（Vacant Lot Clean-up Program：VLCP）」を開始した。本プログラムのために、400万ドル（約4億4000万円）の予算を確保し、40人の職員と75人の臨時職員を充当し、VLCPの責任者が市の維持管理条例違反の通告文書を発行し、それにより市職員および委託業者が空き地に立ち入ることを可能にした。[*18]

まずは、1970年代に約1万5000人の流出に伴い1800軒以上の空き家が発生し衰退したアメリカン通り地区を対象にランドケア・プログラムを実施し、空き地のゴミなどを除去し緑化を行った。その後、市の西部と北部でも同様の取り組みを実施し、2004年からは全市的に緑化を進めるようになった。

その後2007年に、PGは「緑の都市戦略」を立案し、コミュニティ・ガーデン、植樹、近隣公園による空き地の再生を通してさらなる緑化を進める提案を行った。市はその提案を採り入れ、1200万ドル（約13億円）を緑の都市戦略に配分、これらにより84万平方メートルの空き地を改善した。こうした地道な取り組みの結果、NTIにより2007年度第3四半期までに5444軒の空き家を除去し、8万5467カ所の空き地を清掃した（表2）。

2　概要

フィラデルフィア市は、宅地の草本の高さを25センチ以下に保つことを条例で定めており、高さが35・5センチ以上の場合は荒廃しているものと判断し、ランドケア・プログラムの対象としている。プログラムの対象となる空き地は、市の住宅・コミュニティ部との協議の上、選定する。最終選考には、選挙で選ばれた市の理事者、地縁団体なども加わる。選考対象には私有地だけなく市有地も含まれ、市が住宅を解体した後にPHSが維持管理することもある。また、フィラデルフィア・ランドバンクが取得した土地の一部も対象になっている。

市からプログラム実施を受託しているPHSは、街区全体の改善を念頭に事業を行っている。

空き地の隣地が荒廃に該当するケースを発見した際は市に報告し、市の許可・検査部が条例違反か否かを判断し、違反の場合にはその旨を所有者に通告する。所有者が命令に従わなければ、緊急ニューサンス除去条例を準用し、市がＰＨＳに対して雑草などを除去するために敷地に入る権限を与える。

プログラムの具体的な内容は、空き地のがれきや雑草を除去し、敷地をならした上で、養分を十分に含んだ表層土を入れ、樹木を植え、草の種をまき、敷地のまわりに木製の2段の柵を設置することである。これは「クリーンおよびグリーン」と呼ばれ、荒廃の解消を通して生活環境を改善することを第一の目的としている。ただし、創出される緑地は恒久的なものではなく、いわば暫定的なものであるため、コストは最小限に抑えられている。対象の空き地では、4月から10月にかけて清掃および草刈りを月に2回実施する。また、植栽は春と秋の6週間の間に行う。清掃を行わない11月から3月の間は、ゴミの不法投棄やフェンスの破損の有無をモニターし、必要に応じて対応している。

２０１6年現在、合計で約１万２０００カ所、面積にして約１４４万平方メートルの空き地がプログラムの対象となっており、近年では２５０〜３５０万ドル（約２億７０００万〜３億８０００万円）が市の一般予算に毎年計上されている。

市の住宅およびまちづくり室がＰＨＳに委託し、ＰＨＳが市に代わってプログラム全体の運営を担い、春と秋に地元の中小企業を対象に空き地の維持管理業務の入札を行う。応札するのは、修景の維持管理能力のあるマイノリティが経営する企業15〜20社である。現在、ＰＨＳは１社当たり2〜8万ドル（約２２０万〜８８０万円）で17社と契約している。なお、元収監者を雇用した企業には、契約料（対象区画）の追加というインセンティブを提供している。これにより元収監者40人の雇用を創出し、別途約２０００カ所の空き地を維持管理している。

プログラムの単価は極めて低額に抑えられており、がれきなどの撤去や整地については1平方メートル当たり12ドル（約１３２０円）である。ＰＨＳが表層土・フェンス・樹木などの資材を一括購入し、造園業者への支払いをフェンス設置費用と人件費のみに限定することにより費用を抑えている。維持管理費も1平方メートル当たりわずか1・3ドル（約１４３円）である。扱う量を多くすることでこの金額を実現しており、過去十数年の間にガソリン価格は上昇したものの、規模の経済により1平方メートル当たりの費用は数十セントも上昇していない。

これらの維持管理経費は、市が所有者に請求する。費用が支払われない場合は、市が先取特権を取得し、不動産売買の際に購入者が支払うことになる。

ランドケア・プログラムの中には、地縁団体が実施するコミュニティ・ランドケア・プログラムもあり、18の地縁団体が、毎月1回、約３０００区画（1団体当たり50〜１５０区画）の空き地の清掃と草刈りを行っている。このプログラムを通じて、１００人以上の地域住民の雇用が創出されている。プログラムを実施する地縁団体については、住宅およびまちづくり部とＰＨＳが3年ごとに選定している。

3　効果

ランドケア・プログラムは、市全域にわたって効果を上げており、住宅地の様相に極めて大きな変化が現れている。

その直接的効果としてまず挙げられるのが、景観の劇的な改善である。雑草が生い茂った空き地があると地区全体が荒廃している印象を与えるが、空き地が適切に維持管理されることで価値のある緑地景観へと生まれ変わっている。居住者は住宅の維持管理のモチベーションを高め、来街者は住民の地域に対する意識の高さを感じることにつながる。

2番目の効果は、生活環境の改善である。特に、安全や健康面での効果が大きい。ペンシルベニア大学のチャールズ・ブラナス教授らは、ランドケア・プログラムで維持管理されている空き地とそれ以外の空き地の周辺で、1999～2008年の10年間の変化を調査し、プログラムにより銃犯罪・破壊行為の減少、ストレスの低下、無活動状態の改善といった効果がもたらされていることを明らかにした。[*19] 維持管理された空き地で住民が活動することにより、不審者に対する監視がなされるとともに、犯罪者が銃などを隠す場所が消失したことが犯罪の減少につながっていると分析している。また、市内5112棟の放棄建造物の修繕事業と空き地の維持管理事業の両者により銃犯罪が39％減少したことを示し、1ドルの支出に対する社会的利益を前者が26ドル、後者が79ドルと推計した。[*20]

なお、ランドケア・プログラムで維持管理されていて、所有者死亡あるいは連絡先不明の空き地の多くは、地域住民による利用が半ば公認されている。徒歩圏に公園がない地区であれば、空き地は子

写真4　フィラデルフィア市のランドケア・プログラムの事例（上：実施前／下：実施後）
（写真提供：ペンシルベニア造園協会）

写真５　ランドケア・プログラムを実施した空き地に建設された集合住宅

どもの遊び場や住民の交流場所として活用される。また、ベンチを置いてパーティをしている地区もあれば、花を栽培・販売して地域の活動資金にしている地区もある。そのような地区では、空き地が地区内の人間関係の創出・再構築・強化に一役買っており、地域コミュニティの活性化をもたらす場として機能している。

３番目の効果は、経済である。景観および生活環境が改善され、地域コミュニティの活性化が進むと、周辺の不動産価値が上昇し、転入希望者も現れる。それに伴い、住宅の修繕や建替えが促進される。場合によっては、空き地そのものを購入して新規に住宅開発を行う企業が現れることもある。実際、８００カ所以上の空き地が住宅や商業施設、緑地といった新しい用途に再利用されている。

PHSでは、ランドケア・プログラムでの1ドルの支出が224ドルの価値を産んでいると推計している。また、荒廃した空き地が隣接する住宅の価格を20％低下させたのに対して、十分に維持管理された空き地は価格を17％上昇させたという研究結果もある。[*21] これにより、市の固定資産税収入も増加する。他方、小規模造園業者の業務創出にもつながり、元収監者などの雇用機会も生みだしている。

4 成功要因

ランドケア・プログラムが成功している要因としては、次の三つを挙げることができる。

第一に、1829年から大規模な室内フラワーショーを開催するとともに、フィラデルフィア市の緑化に長年携わってきたPHSの存在である。多くの市民に認知され、信頼して任せられる組織の存在がプログラムの大きな推進力となっている。

第二に、対象となる空き地が大量に存在していることで規模の経済が働き、経費を最小限にとどめることにつながっていることが挙げられる。PHSが材料等を購入し、造園会社が労力・技術を提供するというように役割分担していることもコスト抑制に大いに貢献している。

第三に、維持管理が継続されるしくみが確立されていることである。いったんPHSが担当した空き地は、たとえ地縁団体が維持管理をするようになっても対象空き地リストから除外されることはなく、地縁団体が何らかの理由で維持管理をしなくなった場合にＰＨＳが再び維持管理することになっている。ＰＨＳのスタッフは、「空き地をフェンスで囲ってランドケア・プログラムを真似する人はいるが、その後の維持管理を怠ると元の状態に戻ってしまうので、定期的な維持管理がプログラムの鍵」と説明していた。

コラム　空き地の雨水排水・洪水対策への活用

フィラデルフィア市では、雨水排水にも空き地を活用している。

アメリカの古い諸都市では、大雨の際、雨水と家庭排水を一緒に流す合流式下水道の流量が下水処理場の処理能力を超え、十分に処理しないまま川や湖などの公共水域に放流することがある。このような合流式下水道は、水質浄化法（Clean Water Act）に違反する水質汚濁の主な原因となっており、連邦環境保全庁は各自治体に対して法律遵守を強く働きかけている。

最近までは、巨額の公的資金を投入して分離式下水道あるいは地下トンネルと雨水貯蔵タンクを整備すれば、法令を遵守できると考えられていたが、大量の空き地が同様の効果をもたらすことに気づいた自治体が現れるようになった。雨水を下水道管に流すのではなく空き地に流すことで、地面が雨水を吸収し、地下水を補充することにもつながる。この方法により、環境

により やさしく、少ない予算で法令を遵守することが可能になる。
フィラデルフィア市は、このアイデアを全米で最初に実施した市である。2012年に連邦環境保全庁に承認され、市はこの空き地の活用により56億ドル（約6160億円）を節約できると推定している。同様の取り組みは、クリーブランド市、デトロイト市などでも実施されている。[*22]

写真6　空き地を活用した雨水排水（クリーブランド市）

一方、フィラデルフィア・グリーン（PG）は、空き地を洪水制御に活用するため、市の水道局流域事務所と連携し、低負荷開発モデル・プロジェクトを実施している。

本プロジェクトでは、フィラデルフィア市北部の5カ所の空き地に浅い溝と土手を整備し、植樹することで、雨水を地中に吸収させている。テンプル大学によると、これにより雨水排水量が30％減少したという。[*23]

7　ボルティモア市の緑化推進政策

ボルティモア市では、空き地の再利用を促進するため、２０１４年に緑化推進政策（Growing Green Initiative：ＧＧＩ）をスタートさせた。その目的は次のとおりである。[*24]

・緑化とその維持により空き地を負債から資産に転換させ、荒廃した住宅地を再生する
・地域コミュニティのソーシャル・キャピタルを強める
・戦略的な場所にオープン・スペースを設けるなどにより、空き地を恒久的に公益をもたらすものに変換し、新規開発を誘致する
・経費節約型の雨水管理方法を空き地に適用し、雨水排出に関する要求水準を市全体で満たすことに活用する
・空き地およびその周辺に植樹することで緑被率を高める
・空き地を農地として利用し、地域に対して雇用の創出と安全な食料供給の増加を図る

２０１５年には、ＧＧＩのビジョンを紹介する『緑化ハンドブック（Green Pattern Book）』が作成された。

ボルティモア市には、２０１３年時点で約１万４０００カ所の空き地が存在しており、そのうちの約４分の１は市有地である。緑化ハンドブックでは、空き地問題の解決策として、公園、都市農

写真7　オープン・スペースの例

写真8　サービス道路が残された近隣公園の例

園、森林、コミュニティ・ガーデンなどの緑地を総合的にネットワーク化することを挙げている。

そこで、次の8種類の緑化方法を提示している。[*25]

①クリーンおよびグリーン

将来の開発に向けた短期的な緑化で、あらゆる種類・規模・形状の空き地が対象になる。対象の選定にあたっては次のような基準が設けられている。

・極めて認知されやすい空き地
・再開発用地や公共施設の隣接地
・地域住民が維持管理している空き地周辺の空き地

②都市農業

市所有の空き地を有資格の農業従事者（1年間以上の農業経験者）にリースする。

③地縁団体が維持管理するオープン・スペース（畑、果樹園、ポケット・パークなど）

各種の集い、パブリック・アート、野菜・果樹・花卉の栽培などに利用できる。

④洪水制御

⑤緑化された駐車場

⑥都市森林と遮断緑地

⑦近隣公園

⑧混合緑地

ＧＧＩにより、２０１５年現在、９６４カ所の空き地が菜園やオープン・スペースとして生まれ変わり、さらには18の都市農園が開設され、そこで収穫された農産物はファーマーズ・マーケットで販売されている。[*26]

このような緑化の取り組みを通じて、市では、「ボルティモア持続可能性計画」（２００９年）に示している次の４点の目標の達成を目指している。

①緑被率を２０３７年までに倍増させる
②地域食料システムの先進的な都市となる
③すべての市民が、半径４００メートル以内の圏内に安全で維持管理のされたレクリエーション・スペースを持つ
④生態系と生物多様性を保全する

注

＊1 Allan Mallach (2018) "Why the 'Greening' of Vacant Land Is a Smart Long-Term Investment in Cities", *NEXT CITY* https://nextcity.org/features/view/why-the-greening-of-vacant-land-is-a-smart-long-term-investment-in-cities
＊2 グリーン・ゲリラのホームページ http://www.greenguerillas.org/
＊3 シアトル市のホームページ https://www.seattle.gov/neighborhoods/programs-and-services/p-patch-community- gardening/about-the-p-patch-program
＊4 ツリー・ピープルのホームページ https://www.treepeople.org/
＊5 Neighborhood Progress, Inc., Cleveland City Planning Commission, & Kent State University (2008) *Re-Imagining A More Sustainable Cleveland*

＊6　Kent State University and Neighborhood Progress, Inc. (2009) *RE-IMAGINING Cleveland Resource Book*
＊7　前掲＊5
＊8　前掲＊5
＊9　前掲＊5。実際には、クリーブランド市では「草を刈って所有するプログラム」は実施されなかったが、セントルイス市やデイトン市で実施されており、それぞれ125ドル（約1万4000円）、175ドル（約1万9000円）の手数料を支払って草刈りを行った後、市の管理基準を満たす形で維持管理すれば土地を入手できる。
＊10　前掲＊5
＊11　前掲＊1
＊12　クリーブランド市のホームページ　http://rethinkcleveland.org/About-Us/Our-Programs/Gardening-for-Greenbacks.aspx
＊13　クリーブランド市のホームページ　http://www.city.cleveland.oh.us/sites/default/files/forms_publications/LandBank5SuccessStories.pdf
＊14　シャトーヒュー・ワイナリーのホームページ　http://chateauhough.org/
＊15　前掲＊14
＊16　J. Blaine Bonham Jr. & Patricia L. Smith (2008) "Transformation Through Greening," Eugenie L. Birch & Susan M. Wachter(ed.), *Growing Greener Cities*
＊17　前掲＊16
＊18　前掲＊16
＊19　Charles C. Branas, Rose A. Cheney, John M. MacDonald, Vicky W. Tam, Tara D. Jackson, & Thomas R. Ten Have (2011) "A difference-in-differences analysis of health, safety, and greening vacant urban space," *American Journal of Epidemiology*, 174: 1-11
＊20　Charles C. Branas, Michelle C. Kondo, Sean M. Murphy, Eugenia C. South, Daniel Polsky, & John M. MacDonald (2016) "Urban Blight Remediation as a Cost-Beneficial Solution to Firearm Violence," *AJPH December 2016*, Vol.106, No.12
＊21　Susan M. Wachter, Kevin C. Gillen, & Carolyn R. Brown (2008) "Green Investment Strategies: How They Matter for Urban Neighborhoods," Eugenie L. Birch & Susan M. Wachter(ed.), *Growing Greener Cities*
＊22　前掲＊1
＊23　前掲＊16
＊24　ボルティモア市のホームページ　http://planning.baltimorecity.gov/programs-initiatives/growing-green-initiative
＊25　U.S. Forest Service (2015) *Green Pattern Book*
＊26　前掲＊25

7章

衰退エリアの再生

個々の空き家の修繕や再生だけではエリア全体に及ぼす効果は限られ、点よりも面で対応する方が、波及効果も含めてプラスの影響は大きい。本章では、現在進行中のものも含め、空き家の再生がエリアとして行われた事例を紹介する。

最初に取り上げるボルティモア市パターソン公園地区は、１９９０年代からコミュニティ開発法人（ＣＤＣ）がエリア再生に取り組んだ事例である（1節）。一方、同市ジェファソン通りは、空き家財産管理人制度が活用された成功例の一つである（2節）。続くピッツバーグ市イーストリバティ地区（3節）、クリーブランド市スラビック・ビレッジ地区（4節）、シンシナティ市ウォールナットヒル地区（5節）では、ＣＤＣを中心として地区全体の再生に取り組んだ事例である。さらに、ランドバンクの土地集約により建設されたクリーブランド市のフィッシャーハウス（6節）、住宅公社が衰退した住宅地を公営住宅に再生させたアクロン市のカスケード地区（7節）を取り上げる。最後に、ビジネス改善地区を設定し、人口増加とビジネスの再生を推進しているデイトン市の中心市街地の事例を紹介する（8節）。

1　ボルティモア市パターソン公園地区

―徹底的な修復による連続住宅地の再生

1　地区の概要

ボルティモア市は、アメリカ東海岸のメリーランド州の東北部に位置する、人口約64万人の同州最大の都市である。アメリカで最も交通量の多い、ニューヨーク・フィラデルフィア・ワシントンDCを結ぶコリドー（回廊）地帯の主要都市の一つである。同市は、１８１２年に勃発した米英戦争において優勢だったイギリス軍にアメリカ軍が勝利した記念すべき場所であり、その際の市長の言葉をもとに国歌がつくられた。

パターソン公園地区はボルティモア市の東部に位置し、63万平方メートルのパターソン公園を包含する。19世紀中頃から郊外住宅地として開発され、多数のローハウス（連続住宅）が建てられた。当初は東欧諸国から移り住んできた港湾および工場の労働者の住宅地としてスタートし、現在は歴史的地区に指定されている。

やがて住宅の郊外化が進み、周辺の工場が閉鎖されるにしたがって中所得層が郊外へと転出し、地区内には低所得層の住民が残った。その後、人口減少の進行とともに差押えられた住宅や空き家が増加し、パターソン公園は麻薬取引や売春が横行する危険な場所となった。

また、ボルティモア市全体で、黒人は白人による人種差別を恐れ、白人は黒人を敬遠するといった人種間の不信感が強まっていった。パターソン公園地区でも急速に住民の属性が変化し、１９９０年に90％を占めていた白人の比率が、２０００年には38％まで低下した。このような変化と並行して、建造物の維持管理・更新への支出が著しく減少した。全米統計局によると、１９９０

年から2000年の間に、持ち家比率が66％から41％に低下した一方で、空き家率は6％から22％に上昇した。

加えて、空き家を十分に修繕せずに転売する投機家が同地区に入り込んだり、十分な維持管理を行なわない賃貸住宅の家主も現れた。アメリカの各都市では、空き家が増加すると同様の状況がよく見られた。

2 住民が立ち上げたCDCによる住宅地再生

このような状況に危機感を覚えた地元生まれのエド・ルトコウスキー氏が、住宅地再生に向けて、他の住民3名とともに、投機家が転売を狙った空き家を購入、修復して賃貸・販売するプロジェクトを開始した。また、同氏はパターソン公園地区イニシアティブを設立し、築約100年の住宅の修復モデルの展示、住宅のマーケティング、住宅を初めて購入する人へのアドバイスも行った。

1996年に、同地区の再活性化をさらに強化するために同氏を中心にパターソン公園コミュニティ開発法人（PPCDC）を創設した。そのスタート資金として、ボルティモア市などで社会経済問題解決の活動に対して助成金を提供しているエイベル財団が4万ドル（約440万円）を支援した。初めの9カ月間で3軒の住宅を修繕したが、設立当初は住宅市場が低調だったため販売に時間を要した。そこで、エイベル財団は、販売を促進するために、住宅購入者に対して地区内にあるハンガリー・聖エリザベス学校の授業料を提供した。

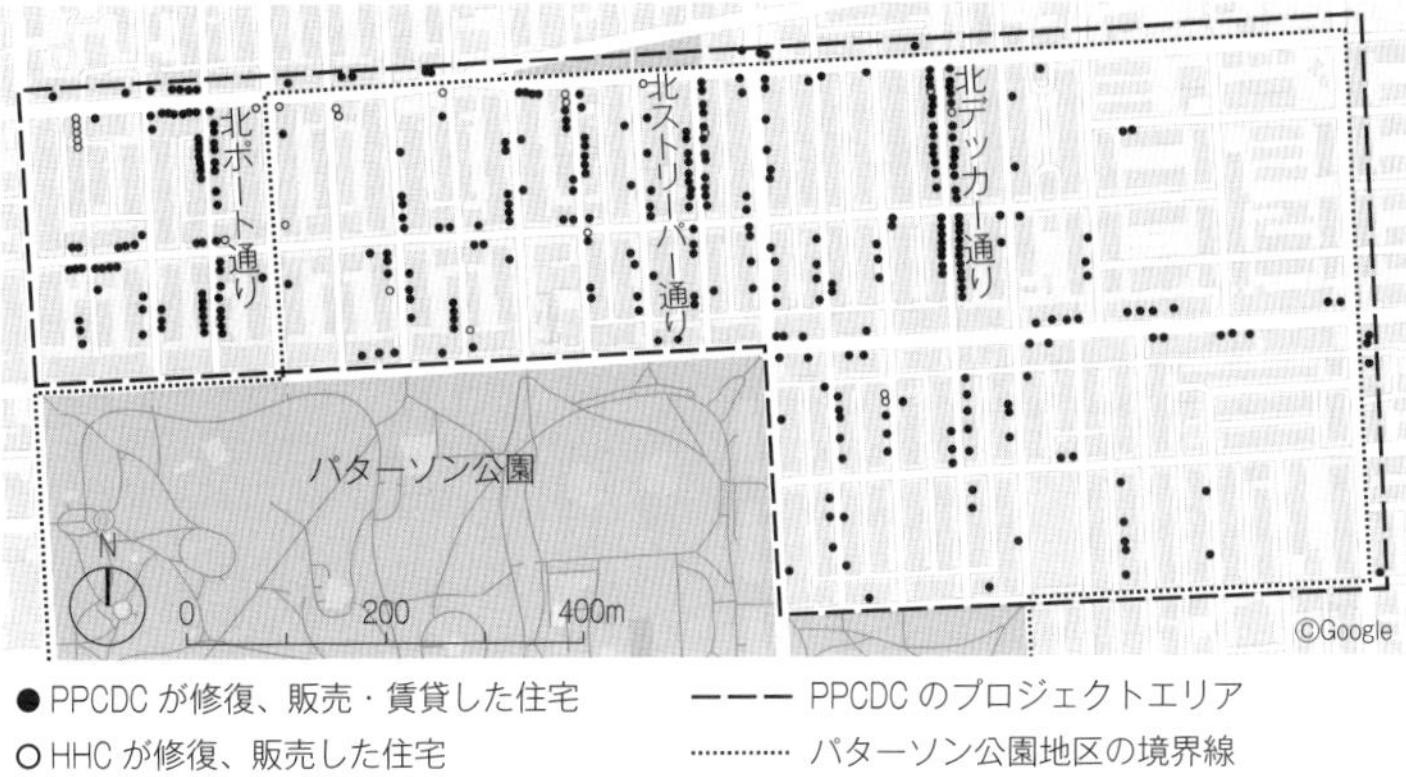

図1　ボルティモア・パターソン公園地区の再生状況（出典：PPCDC および HHC の資料をもとに作成）

ＰＰＣＤＣは事業対象エリア（図１）を定めたが、当初は優先順位を設けずに、入手可能な空き家の中から投機家が購入しそうな物件を入手していった。その後、より戦略的に入手するようになり、やがてエリア周辺の空き家にも対応していった。

空き家は、競売や口コミ情報をもとに入手した。当時、財産管理人制度は効率的ではなかったため、同制度の競売は利用しなかった。一方、税滞納差押え物件の競売により、年に1～2軒の空き家を入手した。また、連邦住宅都市省（ＨＵＤ）に非営利法人として登録したことにより、同省の差押え物件を競売に先がけて1割引の価格で入手することが可能になった。加えて、州が差押えた不動産も競売前に入手できた。ただし、ＨＵＤの物件は、所得が地区中央値の80％以下の人に販売することが条件になっていた。そのため、これらの物件は、修繕後に5～6万ドル（約５５０～６６０万円）でシングルマザーなどに提供した。

ＰＰＣＤＣは、住民の多様性を高めようとしていたため、ＨＵＤからの安価な空き家の入手を減らし、民間の助成金など利用して市場価格の空き家を購入していく方向にシフトしていった。その後、住宅販売数を着実に伸ばし、他の非営利法人や民間デベロッパーによる修繕の増加も図った。平均住宅販売価格は、２０００年の７・１万ドル（約７８０万円）から、２００５年には28・8万ドル（約３２００万円）に上昇。最盛期には28名のスタッフを擁し、毎年30〜50軒の住宅を修繕するまでに成長し、ボルティモア最大のコミュニティ開発法人となり、全米に名前が知られる存在となった。

資金面に関しては、エイベル財団によるところが大きい。同財団は、ＰＰＣＤＣの活動に対して１００万ドル（約１億１０００万円）の助成金と１００万ドルの運転資金ローンを提供し、１５０万ドル（約１億６０００万円）のモーゲージを保証した。これにより、ＰＰＣＤＣは１３００万ドル（約14億３０００万円）分の住宅を取得し、建設資金を調達した。それ以外にも地方および国の財団から多額の助成金を獲得し、民間金融機関や地方・国からの融資も受けた。[*1]

しかし、リーマンショックの影響を受け、ＰＰＣＤＣは、同地区の不動産の約１００万ドルのモーゲージの再交渉に失敗。２００９年2月に米国連邦破産法第11条の適用を申請し、すべての活動に終止符を打った。当時、ＰＰＣＤＣは、地区北端の荒廃した住宅地の再生に取り組んでいたが、その費用負担が重く、その一方で住宅市場が低迷していたために修繕した住宅を販売することができず、負債とモーゲージの返済が滞っていた。[*2] 残念ながら、ＰＰＣＤＣは景気後退を乗り越えることができるほどの財政力を有していなかったのである。
最終的な実績としては、１９９６～２００８年の間に４６０軒の不動産を取得し、３４０軒の修繕を実施。２２３軒を分譲住宅として、32軒を賃貸住宅として販売し、85軒（うち8軒は店舗）を貸し出した。また、65軒を企業に売却した。別途、２００８年時点において16軒が修繕中で、22軒が修繕予定であった。住宅単体の取り組みにとどまらず、街区レベルの住宅および商業プロジェクトも手がけた。

写真１　PPCDCにより修復された連続住宅

ＰＰＣＤＣと並行して、ＣＤＣのハビタット・フォー・ヒューマニティ・チェサピーク（Habitat for Humanity of the Chesapeake：ＨＨＣ）も、パターソン公園地区およびその北部を対象に同様の活動を実施しており、２００７年から43軒修復し、アフォーダブル住宅を販売した。ＨＨＣでは、空き家財産管財人の競売により21軒を取得した。

図１を見ると、北デッカー通り、北ストリーパー通り、北ポート通りに住宅の修復が集中していることがわかる。これだけ多数の問題住宅を地道かつ徹底的に改善した結果が、地区の状況を一変させることにつながった。これらの取り組みがあっ

たからこそ地区の今日があると言っても過言ではない。

オンライン不動産データベースを運営するジロー社によると、2019年7月29日現在、同地区の差押え不動産は1軒、競売予定は6軒のみで、持ち家率は65%である。また、住宅の売値は9~69・9万ドル（約990~7700万円）で、中央値は19・2万ドル（約2100万円）と全米の値18・5万ドル（約2000万円）を上回っている。

3 住宅地再生の成功要因

PPCDCの成功要因として、スタッフの一人であったジェームズ・シェトラー氏は、以下を挙げている。第一に、同地区に隣接する西と南の地区の不動産市場が強かったことである。第二に、創設者のルトコウスキー氏の卓越したビジョンと手法である。残念ながら同氏は2019年に他界しており、PPCDCの再興は難しいだろうとシェトラー氏は語っていた。第三に、空き家の修復・販売だけでなく、公園の再整備やイベントの支援も行っていたことである。PPCDCでは、パターソン公園友の会の立ち上げやイベント、同公園を活動場所にしているパフォーマー・グループを支援していた。加えて、地縁団体の会合にも参加し、若者やシニア層の活動もサポートした。

また、多様な住宅の供給も成功要因の一つと考えられる。空き家修復の際には建築設計を個別に無料で提供しており、小規模な住宅を2戸ないし3戸まとめて1戸に改修したり、1階をスタジオ、2階を住居にしたアーティスト用の住宅も建設した。さらには、アフォーダブル住宅も手がけており、人種的にも所得的にも多様性が保たれている。加えて、海外からの難民に対して数百軒の賃貸住宅を提供し、これも人口回復に貢献した。

さらに、居住地選択の際には地区内の小・中学校の質がポイントの一つとなるが、在籍数の減少のため閉校になったカトリック系の学校をパターソン公園パブリック・チャーター・スクールして再開させたことも転入者確保につながっている。同校は、市内の公立学校の中で優良校の一つという高い評価を得ている。

写真２　２戸を１戸に改修した連続住宅

パターソン公園地区自治会（Patterson Park Neighborhood Association：ＰＰＮＡ）の会長は、白人と黒人の居住地区が分かれているボルティモア市において、人種および所得階層に関して最も多様性があることが同地区の最大の特徴であると指摘している。加えて、ヒスパニック系住民や海外からの難民も多い。そのため、子どもをそのような環境で育てたいファミリー世帯が転入してくるとのことであった。30～40歳代の転入者が多く、現会長を含め、若い世代がリーダーとして地域活動を展開している。このようなこともあってか、最近では隣接する二つの地区がＰＰＮＡに加わった。

ＰＰＮＡでは、同地区を誰にとっても住み心地の良い場所にすることを目指し、住宅、犯罪・安全、教育、若者・家族、美化、緑化、社会、経済開発、交通の九つの委員会を設けて活動している。例えば、犯罪・安全委員会では、警察と良好な関係を築き、メンバーがパトカーに同乗して地区内を巡回したり、地区内の出来事を警察に情報提供したりしている。また、緑化委員会では、助成金を得て数年間で５００本の街路樹を植えた。落ち葉の清掃には住民が参加し、道路によっては毎週清掃を行っている。

ＰＰＮＡでは、不動産会社から前月に地区内の住宅を購入した人のリストを提供してもらい、地区とＰＰＮＡの情報とクッキーを詰めたウェルカム・セットを持って転入者を訪問する。このような活動は市内でもめずらしいとのことである。

現在、パターソン公園地区では、地区の再生に伴い、交差点などの空き商店が民間デベロッパーにより短期間で販売しやすい住宅に用途変更され、店舗が減少したことが問題となっている。加えて、ネット販売の普及により実店舗は苦戦を強いられており、経営を維持するためにはさらなる住民の増加が求められている。また、駐車スペースの確保、大量公共交通機関の整備も課題となっている。

2　ボルティモア市ジェファソン通り
―財産管理人の空き家競売が周辺の住宅修復を誘発

ボルティモア市のジェファソン通りは、同市の空き家財産管理人制度の成功事例の一つである。ジェファソン通りのあるミドルイースト地区は、チェコ出身労働者の住宅地として形成された。その後、低所得のアフリカ系の住民が増加した。それに伴い、住宅が放棄され、荒廃が進行するともに人種暴動も発生した。

1990年から2000年にかけての人口減少率は45%と、市内で最大であった。2001年には、放棄された住宅の割合は80%に及び、健康に関する指標の数値が全米で最低の地区となってしまった。また、学歴が高卒未満の住民が49%を占め、公立小学校の7割以上の児童が給食費減免の対象となっていた。

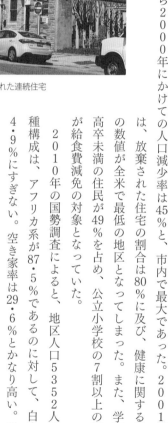

写真3　HHCにより修復された連続住宅

2010年の国勢調査によると、地区人口5352人の人種構成は、アフリカ系が87・5%であるのに対して、白人は4・9%にすぎない。空き家率は29・6%とかなり高い。所得の中央値は1万5493ドル（約170万円）と低く、住民の45・7%が貧困状態にあった。

このように同地区は荒廃していたものの、約800メートル東にはジョンズ・ホプキンス大学の小児病院があり、約1キロ北西では大規模な東ボルティモア再開発プロジェクトが進行中であった。そこで、市はジェファソン通りの不動産市場が復活すると判断し、2400～2500番地の街区にある7戸の住宅について、空き家財産管理人選任の申立てを行った。財産管理人に任命された非営利法人のワン・ハウス・アット・ア・タイム（One House At A Time, Inc.／5章参照）は、これらを競売にかけ、前節でも登場したCDCのハビタット・フォー・ヒューマニティ・チェサピーク（HHC）が落札。競売の落札価格は5000～1万1000ドル（約55～120万円）であったのに対し、2010年から2012年にかけて修繕して販売した価格は10万8000～12万1250ドル（約1200～1300万円）で、この住宅の修繕と販売は地区に波及効果をもたらした。[*3] さらに、HHCでは、競売以外の手段により周辺地区で別途24軒を取得・修繕し、販売した。それ以外にも民間企業によって修繕が進められ、賃貸や売買物件情報がウェブサイトを賑わせている。2019年7月29日現在、ジロー社のデータベースによると、ジェファソン通りの2000～3000番地には差押えや競売物件はない。

3　ピッツバーグ市イーストリバティ地区
―コミュニティ開発法人による副都心再生の全体マネジメント

1　富裕階層の住宅地として発展

ピッツバーグ市は、ペンシルベニア州の西端に位置する人口約30万人の都市である。かつて基幹産業であった製鉄業の衰退により市経済が疲弊したが、現在は医療産業などにより経済再生を図っている。イーストリバティ地区は、ピッツバーグの中心部から東に約8キロ離れたところに位置し、同市の第二の中心部である。面積約1・5平方キロ、人口は5698人（2016年）である。

1780年までに移民が入植したイーストリバティ地区は、1800年初頭には東西の交通拠点となっていた。1850年代にペンシルベニア鉄道のイーストリバティ駅が開設されるまで、ピッツバーグ中心部とは独立して発展。同駅が開設された時期はピッツバーグの工業化ブームの初期にあたり、同地区はその影響を受けて、1850年に1000人に満たなかった人口が、1910年には4・6万人にまで膨れ上がった。それにより、同地区は、工場の煙や煤の影響を受けない、中心部にほど近い郊外住宅地へと生まれ変わり、全米でも裕福な住宅地を形成した。ダンス、スケート、サーカスといった余暇のための施設も整備され、全米初のガソリンスタンドがここで営業を開始した。1930年代から50年代にかけて行われていたパレードは市民に親しまれ、1936年のクリスマスパレードは全米一とも称された。一方、住民はイギリス系アメリカ人だけではなく、多様なルーツを持つ住民が暮らし、人種ごとの教会も建てられた。[*4]

2 大規模都市再開発の失敗

1958年まで、イーストリバティ地区には数多くの商業施設が立地し、商業地区として賑わいを見せていた。しかし、その時点ですでに空き商業施設が出現しており、道路交通の混雑とともに駐車場不足という問題を抱えていたことに加え、激化する郊外との競争への対応も迫られていた。[*5]

また、19世紀半ば以降に建設された木造住宅が、地図会社の調査により時代遅れの住宅と判定され、同地区は融資に関する特定警戒地区とみなされるようになった。その結果、修繕のための融資が受けられずに住宅の老朽化が進行した。

商業関係者は、郊外の商業施設の発展がイーストリバティ地区の商業センターとしての地位を脅かすと認識し、ピッツバーグ市都市再開発公社（Urban Redevelopment Authority：ＵＲＡ）に対策の立案・実施を要請した。ＵＲＡは当時の都市再開発手法を採用し、連邦政府から都市再開発資金を得た。まず、荒廃地区に指定されていた街区をはじめとして、細街路や小規模住宅・店舗などを取り壊し、地区の約半分を更地にした。続いて、高速道路と同程度の水準の環状道路を建設し、ビジネス街のいくつかの道路を閉鎖することによりスーパーブロックを形成。そこに、郊外の商業開発を模して、大規模商業施設や駐車場に囲まれた屋外歩行者モールを整備した。併せて、業務地区の端に１０００戸以上の20階建て集合賃貸住宅3棟をアンカーとして建設した。このような野心的な再開発事業を実施したが、多くの都市開発がたどってきた結末と同様、狙いとはまったく逆に作用することとなり、最終的には商業にも地域コミュニティにも衰退をもたらした。駐車場から商業施設までの歩行を強いられることになった消費者は、イーストリバティ地区からさらに遠のいていった。

また、20階建ての集合住宅は、大量の住宅の取り壊しによりアフリカ系住民が近くのホームウッド地区へと転出し、同地区が過密になったことへの対応策として建設されたものである。しかし、この集合住宅は、早々に犯罪の巣窟という評判が立ってしまった。その結果、事業所数は1959年の575から、1979年には98にまで減少した。さらに、急激な人口減少がそれに続き、貧困率が高く、持ち家率の低い地域として周辺地区から隔離された状態になった。人口は、1990年の7973人から、2000年には6871人へ、2016年には5698人へと減少した。

3 イーストリバティ開発の創設とマスタープラン

地区の再生に向け、イーストリバティ商工会議所および地元の銀行や不動産所有者たちは、トップダウン型の都市再生に失敗したURAに希望を再度託すのではなく、自ら関与する組織で再生を図るべく、非営利のイーストリバティ開発（East Liberty Development, Inc.：ELDI）を1979年に創設した。ELDIの理事は、地元のビジネスマン、教会関係者、住民などで、市職員は含まれていない。ELDIは通常の法律に基づいた組織であり、特別の権限を行政から与えられているわけではない。

非営利法人が地域全体の再生を推進することは、全米でもめずらしい。ELDIは営利企業と同様の事業を行うが、違いは地区全体の再生を目的にしていることである。行政にまったく依存していないわけではなく、ELDIがURAにプロジェクトを提案し、それに対してURAが

ＥＬＤＩに助成金や低利融資などの資金を提供するという関係が構築されている。ＥＬＤＩは資金も権限も限られているので、このような市との協働は不可欠である。

１９９０年代の終わりまでに、様々な主体によって多数の開発プロジェクトが実施された。しかし、ビジョンが共有されず、開発戦略も統一されていなかったため、いくつかは成功したものの、多くが成功しなかった。そこで、地区内の新たなリーダーたちは、開発に統一性を持たせることに注力した。住民や関係者に参加を募り、「地区をどのように変えたいのか」という基本的な問いかけをもとに、３年間かけて合意形成を図り、１９９９年に「イーストリバティのビジョン」を作成した。これはマスタープラン的存在であり、持続するコミュニティを目指すものであった。その後、同様の手法により、２０１０年に「イーストリバティ・コミュニティ・プラン２０１０」を策定。これらの計画は行政が公定したものではないが、地区内ではバイブル的存在になっている。

4　着実に商業を再生

ＥＬＤＩはペン・アベニューの歩行者モールを取り壊し、両方向通行の従来の道路に戻した。これは、１９９０年代、２０００年代の再開発の成功につながった。１９８０年代にはペン・サークル・サウスに商店街の形成を図り、２００以上の事業所が立地し、８０００万ドル（約88億円）以上の資金が不動産開発に投資された。ＥＬＤＩは、イーストリバティ地区の歴史的な商業施設であるリージェント劇場（現：ケリー・ストレイホーン劇場）とモーター・スクエア・ガーデン

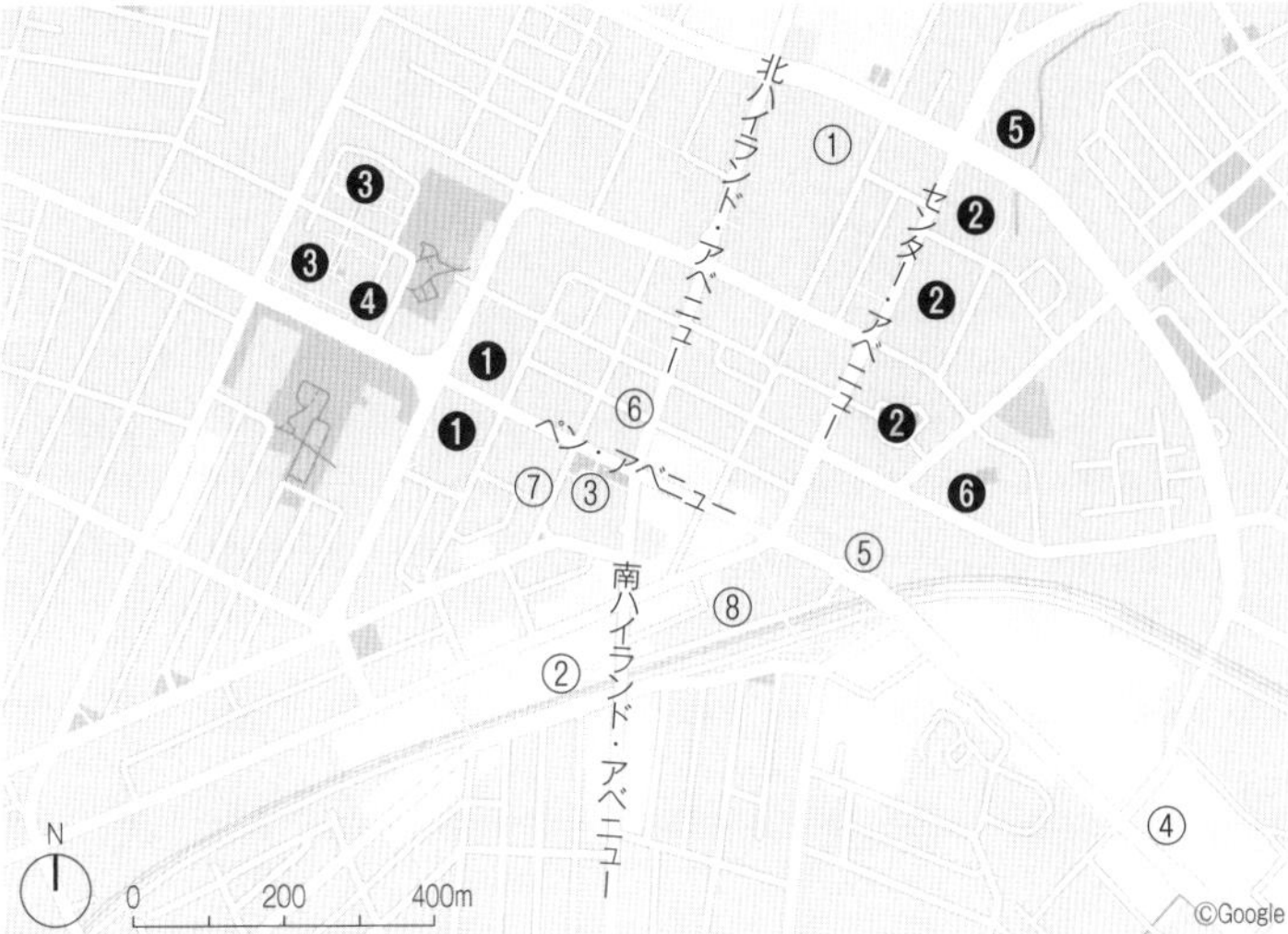

商業など　①ホーム・デポ　②イーストサイド・フェーズⅠ・Ⅱ　③タウンスクエア
④ベーカリー・スクエア　⑤ターゲット　⑥ホテルインディゴ　⑦エースホテル
⑧イーストサイドⅢ

住宅　❶イーストリバティプレースノース／サウス　❷フェアフィールドアパート
❸ニューペンリープレース　❹ペンマナー　❺ハリエットタブマンテラス
❻コーナーストーンビレッジ

図2　イーストリバティ地区の再生状況

の修繕・再生にも注力した。

2000年、長年空いていた店舗にホーム・デポ（住宅リフォーム・建設資材・サービスの小売チェーン）が開店し、主要な商業再開発の第1号となった（図2）。その後、2002年にはホール・フーズ・マーケットが開業した。

続いて、センター・アベニューと南ハイランド・アベニューの交差点で、複合開発のイーストサイド・フェーズⅠ・Ⅱが実施された。これらの商業施設には、フェデックス、キンコーズ（コピーサービスなどを手がけるビジネスコンビニ）などがキーテナントとして入居した。これらの開発が、隣接地区との関係を修復した。そして、422人のフルタイム雇用を創出し、150人以上の地元住民の雇用にもつながった。

2005年には、イーストリバティ・プレスビテリアン教会周辺の街区をタウンスクエアに変身させる事業を開始した。これは、都市の中のタウンというビジョンから生まれたものである。地区の中心部を人々が交流できるヨーロッパ・スタイルの公共空間にリニューアルし、洪水対策も兼ねた美しい庭園を創出した。2010年には、グーグルがベーカリー・スクエアのオフィスに入居。これにより、イーストリバティ地区にはさらに多くの企業およびデベロッパーが集まることとなった。

2011年には、スーパーマーケットのターゲットが、高層アパートの跡地にイーストサイドVとして開店した。当初、市は住宅地に隣接する市有地をその候補地として提案したが、幹線道路に面していないなどの理由から住民が反対し、専門家のアドバイスを受けて、最終的には2本の幹線道路が交差する現在の土地に立地することとなった。この店舗の開業により260人の新規雇用が創出された。

続く2015年には、インターコンチネンタルホテル・グループが、135室のホテルインディゴをオープンした。このホテルは100人以上の新たな雇用を創出した。また、長年放棄されてきた築約100年のYMCAビルをELDIが取得し，オレゴン州ポートランドを本拠地とするエースホテルに譲渡し、こちらも2015年に開業した。同社は「地域住民による地域住民のた

写真４　再開発されたイーストリバティ地区の中心部

めの空間の創出」を得意としており、ホテル全体が地域の歴史と文化を思い出させる場所として、また1階のバー・レストランは住民の交流の場として、タウンスクエア地区の重要な存在となっている。加えて、約１００人の雇用も生んだ。

また、２０１５～16年にはイーストサイドⅢの開発が行われた。マルティン・ルーサー・キング・ジュニア・バスターミナルの活性化と周辺開発を主要な目的とした開発で、３６０戸の住宅、５５４台分の駐車場、約４０００平方メートルの商業施設を整備した。

全米でチェーン展開している商業者の誘致に際しては、道路などのインフラ整備を行うため、タックス・インクリメント・ファイナンシング（Tax Increment Financing：ＴＩＦ）を活用した。限られた財源の中での対応ではあるが、その後に固定資産税が増加することもあり、ＥＬＤＩスタッフによると効果的であるとのことであった。

こういった一連のプロジェクトにより、イーストリバティ地区は50年前の商業地区の賑わいを取り戻し、２０１０年にはイーストリバティが蘇ったという記事がニューヨークタイムズ紙に掲載されるまでに至った。

5　多様な住民に向けた多様な住宅の供給

高層住宅の取り壊しは高級商業施設の誘致につながったが、アフリカ系住民の転出をもたらした。そのため、ＥＬＤＩと市に対して、ジェントリフィケーションを推し進めたという批判が起こった。この批判を受け、多様な所得階層向け住宅開発が進められた。

まず、高層住宅をアフォーダブル賃貸型と一般賃貸型が混合する４５０戸の住宅に再生した。アフォーダブル賃貸型の住宅には、公営住宅（所得が地域中央値の80％以下の世帯を対象に、家賃を所得の30％に設定。極めて所得の低い世帯は家賃無料）、地域中央値の60％以下の所得者向け、地域中央値の60～80％の所得者向け、身体障がい者など特別の支援を要する人向け、元収監者向け、路上生活者向けなどの多様な種類がある。複数のタイプからなる賃貸住宅の個々の住戸の外見はまったく同じであり、居住者の所得階層がわからないようになっている。

例えば、イーストリバティプレースノース／サウスは、地域中央値の60％以下の所得者向けの住戸が77戸、地域中央値の60～80％の所得者向けの住戸が22戸、一般賃貸型の住戸が10戸の計１０９戸で構成されている。一方、フェアフィールドアパートでは、地域中央値の60％以下の所得者向けの住戸が１４９戸、地域中央値の60～80％の所得者向けの住戸が6戸、一般賃貸型の住戸が40戸の計１９５戸である。そのうち、48戸のアフォーダブル賃貸型の住戸は、解体された高層住宅の元住民に割り当てられた。デベロッパーは、州の低所得者用住宅減税プログラム（Low-Income Housing Tax Credit Program）を活用し、家賃収入の合計で採算を確保している。また、ネグリー地区では、戸建て住宅地の中で、民間企業がアフォーダブル賃貸型の住宅を整備・供給している。[*6] 同じ街区内で、低所得者用、中所得者用、高所得者用の三つのタイプの住宅が存在することもある。

写真５　イーストリバティ地区に新たに建設された住宅

　以上のようなアフォーダブル住宅の供給により、高層住宅の解体でいったん転出した住民が地区に戻ることが可能となった。そこで、こういった旧住民の再転入を支援するためにイーストリバティ住民連盟（Coalition of Organized Residents of East Liverty：ＣＯＲ）が結成された。ＣＯＲでは、新しい住宅開発によりかつての住民が戻ってきやすいように交渉し、

２００９年時点で所得階層が混合する賃貸住宅に戻ってきた世帯数は１６０にのぼる。

２０１５年時点において、イーストリバティ地区内の全住宅に対する賃貸住宅の比率は80％を占めている。そのうちの３分の１が長期アフォーダブル住宅である。うち40％が公的な資金援助を受けている住宅であるため、貧困率は30〜33％で推移している。

また、ＥＬＤＩは転入者に関しても既存の人種比率の維持を図っており、住民の多様性が保たれている。所得階層の異なる住民の交流については、生活困窮者の減少のための活動を行っているサークル・アメリカ（Circle USA）の手法を採り入れ、住民同士が助けあったり、中所得者が低所得者を支援するしくみを導入している。具体的には、ソーシャルワーカーが支援しながら、隣人同士で相互に助けあうグループ形成を誘導している。

一方、住宅の形態に関しては、高層住宅の問題を踏まえて、３〜５階建てに抑えている。オフィスビルや複合ビルもこの程度の高さに揃えており、街全体で高さの統一を図っている。そのため、中心部に位置する教会の尖塔がランドマーク性を高めている。また、街区中央の駐車場のまわりに住棟を配置している住宅団地も建設した。このように、住民同士の交流が生まれやすいように物理的環境を整備している。

6　空き家に対する徹底した対応

ＥＬＤＩでは、住宅地のメロン通りにおいてアフォーダブル住宅10軒を新築して販売したものの、犯罪の問題があることに加え、通りの反対側に空き家が存在していたために売れなかったということがあった。そこで、空き家に対しても責任ある対応をとることにした。

以前、住宅地では、通りでの喧嘩や夜間の奇声などの騒音問題が多発し、犯罪も絶えず発生していた。そのため、再開発よりも犯罪の撲滅を望む声が強かった。特定の場所にトラブルが集中していることが判明し、ＥＬＤＩは、不動産を入手し、自ら管理することで犯罪を減らすことができるだろうと判断した。そこで、２００８年から２０１２年にかけて約２００軒の不動産を購入。その間に犯罪が49％減少した。現在では、入手した空き家のほとんどは修繕か解体を実施済みである。

不動産の取得に関しては様々な方法がとられている。高齢の所有者や相続人からの買い取りを行ったほか、税滞納差押え物件に関しては競売の前にＥＬＤＩが要望すれば譲渡することに市が合意している。また、抵当融資滞納物件については、ＥＬＤＩがモーゲージの債権を低額で買い取り、当該物件を差押えることにより入手している。金融機関の中には、差押え手続きに費用がかかるためにこのようなプロセスを望むところも存在する。

不動産の取得や修復に要する資金は、民間財団などから調達している。空き家だけではなく、維持管理が不十分な賃貸住宅も入手しているが、このような賃貸住宅の所有者はテナントに対して無関心であることが多く、住宅内で迷惑行為や犯罪が行われている可能性が高い。このような所有者は「スラムロード（slum lord）」と呼ばれている。こういった住宅を、不動産の購入を好まない市に代わってＥＬＤＩが購入しており、ランドバンクのような役割を果たしている。

表1　バスターミナル周辺地域の開発プログラム（今後30年間）

プロジェクトタイプ	規模	建設費
オフィス	45,209 m^2	113,021,214ドル（約124億円）
複合開発（商業）[注1]	15,236 m^2	—
商業	4,181 m^2	7,650,000ドル（約8億円）
映画館	5スクリーン	—
ホテル	192室	23,382,716ドル（約26億円）
家族用戸建て住宅	88戸	21,200,000ドル（約23億円）
家族用連続住宅	204戸	38,091,000ドル（約42億円）
家族用集合賃貸住宅	185戸	21,824,000ドル（約24億円）
家族用集合分譲住宅	94戸	23,030,000ドル（約25億円）
合計[注2]		284,518,930ドル（約313億円）

注1：オフィスおよび住居部分の費用を含む
注2：合計はインフラ整備を含む
（出典：Pittsburg City（2011）*EAST LIBERTY STATION: REALIZING THE POTENTIAL*）

入手した不動産のうち、一部はELDIが直接修繕・販売している。残りは、住宅居住者に売るという条件つきで民間企業に譲渡し、その企業が修繕・販売を行う。

現在のイーストリバティ地区の住宅地としての評価は、犯罪率の低下、不動産価値の上昇、店舗の増加、教育の選択肢を踏まえてポジティブと判定されている。

7　今後の開発プログラム

1960年代に多数の街区を更地にしたため、現在でもそのままの状態が継続している街区がある。そのうちの一つであるバスターミナルの周辺地域では、再活性化投資地区として今後30

年以上の期間にわたって2・8億ドル（約313億円）の複合用途開発と住宅開発の実施が期待されている[*7]（表1）。

また、ＥＬＤＩでは、イーストリバティ地区での成功を、市内の他地区でも展開する意向を示している。

4　クリーブランド市スラビック・ビレッジ地区——民間企業と非営利法人の連携による戸建て住宅地の再生

1　地区の概要

クリーブランド市は、オハイオ州の北東部に位置する人口約40万人の都市である。同市では、経済の衰退および人口減少に加え、サブプライムローン破綻の影響を受けて、差押え住宅や空き家が大幅に増加した。この問題に対応するため、ＣＤＣの中間支援組織であるクリーブランド・ネイバーフッド・プログレス（Cleveland Neighborhood Progress：ＣＮＰ）は、集中的に支援する地区の選定を行った。その際、活発なＣＤＣおよび適量の空き不動産の存在を確認した。また、伝統的な住宅は規模が大きく修復に費用を要するため、そのような住宅の多い地区については選定から外した。選定にあたっては、買い物の利便性、中心部へのアクセス、多様性、コミュニティの活力なども基準とした。これらの検討を踏まえて、スラビック・ビレッジ地区を支援対象として選定した。

同地区は、市の中央部の南端に位置する。ヨーロッパからのスラブ系移民の住宅地として整備され、住民たちは出身国ごとに学校や教会を建てたりビジネスを興したりすることで、強固なコミュニティを形成しており、今なおそのコミュニティを維持している。

地区の人口は1950年に約6万人となり、ピークを迎えた。その後、都市の郊外化と工場の衰退により、2000年までに人口が半減した一方で、アフリカ系住民の急増により人種の多様性が増した。

同地区では、CDCのスラビック・ビレッジ開発（Slavic Village Development：SVD）が、多様性のある住宅地として保全し活性化することをミッションとして活動しており、空き家を修繕してアフォーダブル住宅を供給するとともに、地域活性化を目的とした数多くのプログラムに関わってきた。2006年には、放棄された鉄道敷跡にモルガーナ遊歩道を整備し、ファーマーズ・マーケットに資金援助を行った。クリーブランド市内で最も成果を上げているCDCの一つである。

しかし、2000年代後半に発生した全米的な住宅危機により同地区は厳しい状況に置かれ、リーマンショックが起きた2007年には地区内の住宅差押え率が全米で最悪という状況にまで陥った。それに伴い、2000年から2013年にかけて持ち家率は17%も急降下し、空き家率は13%から33%に跳ね上がった。また、同時期に、貧困世帯が27%から43%へ、失業率が6%から

23％へと大幅に上昇した[8]。

しかし、これほどまでに厳しい状況に置かれても、歴史ある教会・高校などは維持された。同地区は、州間高速道路、鉄道、市中心部へのアクセスの良さといった点で比較的良好な立地条件を有しており、大規模な事業所をはじめとして多様性に富んだ雇用機会にも恵まれている。また、地区内には小さな飲食店や物販店が多数点在している。

2 スラビック・ビレッジ回復プロジェクトの実施体制

２０１２年、このような状況を打破すべく「スラビック・ビレッジ回復プロジェクト（Slavic Village Recovery Project：ＳＶＲプロジェクト）」が立ち上げられた。本プログラムは、地区内の2.12平方キロのエリアを対象として、地区から完全に荒廃を取り除くために住宅の修復と解体を組み合わせた総合的なまちづくり計画である。

プロジェクトの開始時期は連邦政府の関連補助金が終了する時期に重なっていたため、新たな資金源が求められていたが、民間企業であるフォレスト・シティ社（Forest City Enterprise：ＦＣＥ社）とＲＩＫ社（RIK Enterprises）の2社からの参加・協力の申し出があった。その背景には、「民間と非営利法人がそれぞれのスキルと資源を持ち寄れば、うまくいくかもしれない。失敗したとしても様々なことが学べるだろう」という前向きな考えがあった。そして、民間企業2社と、ＣＮＰ（中間支援組織）とＳＶＤ（ＣＤＣ）の非営利法人からなる営利企業、スラビック・ビレッジ・リ

表2　SVR社の構成メンバー（設立当初）

Cleveland Neighborhood Progress (CNP)	1988年に創設された非営利法人。データの収集と分析、不動産取得方針の作成などを担当。
Slavic Village Development (SDV)	25年間にわたり1,000軒以上の住宅を建設・修繕してきた実績を有する非営利法人。近年はコミュニティ・アートと緑地の整備にも力を入れている。
Forest City Enterprises	ファイナンスを担当。
RIK Enterprises	モーゲージを提供。差押えられた不動産の審査を担当。

（出典：Greater Ohio Policy Center（2014）*Documenting the Slavic Village Recovery Project* をもとに作成）

カバリー社（Slavic Village Recovery：SVR社）を設立した（表2）。

設立時に、企業が22・5万ドル（約2500万円）、非営利法人が2・5万ドル（約250万円）ずつ出資し、合計50万ドル（約5500万円）の出資金により130万ドル（約1億4000万円）の融資枠を確保した。役員会議を年に4回行い、意思決定に関しては全員一致を目指した。採決が必要な際には1者1票で投票を行ったが、4者間でミッションをきちんと共有していたため意見が対立することはほとんどなかったという。

プロジェクトの実施に際しては、CNPが戦略計画の作成、不動産取得の枠組みづくり、プロジェクト・マネジメント、モニタリングを、SVDが日常的業務や現場作業を担当した。また、民間企業の2社はファイナンスやマーケティングなどを担った。プロジェクトは滑り出しが極めて重要となるが、民間企業の出資はインパクトを与えた。しかし、プロジェクトの進行が想定よりも遅く、長期化することが判明したことなどから、FCE社は2017年に、RIK社は2018年に撤退した。住宅地再生は長期にわたるため、このように民間企業にとって関与を限定的にとどめたことは合理的な判断だったと言える。また、プロジェクトでは公的補助金も使用していたため、民間企業の2者は収支をある程度バランスさせることができたと思われる。

２０１９年現在、出資比率はＣＮＰが51％、ＳＶＤが49％である。定期的に2者で会合を開き、モニタリング・データを踏まえてアプローチなどを適宜修正している。

その後、ＳＶＲ社は市と連携し、市は住宅条例違反の取締りと老朽住宅の解体に関して支援を行っている。例えば、ＳＶＲ社が修繕を手がけた空き家周辺の住宅が管理不全状態で危険であった場合に、市が解体の優先順位を引き上げる。また、市がグリーン建造物（省エネ住宅）に改造するための下限費用の設定を下げ、対象案件を広げることにより、費用を節約して修復しているＳＶＲプロジェクトの住宅も15年間減税を受けることが可能となった。

3　スラビック・ビレッジ回復プロジェクトの内容

プロジェクトの開始以前は、住宅が売買されず、不動産の評価データが存在していない状況であり、不動産市場も壊滅状態だった。そこで、限定した範囲で空き家を修復・販売することにより評価データを増やし、市場を復活させることを試みた。

当初、ＳＶＲ社では、ＦＣＥ社が開発した財政モデルに基づき、修復した住宅を５～６万ドル（約５５０～６６０万円）で販売することとし、住宅の取得および修繕経費の上限を４万ドル（約

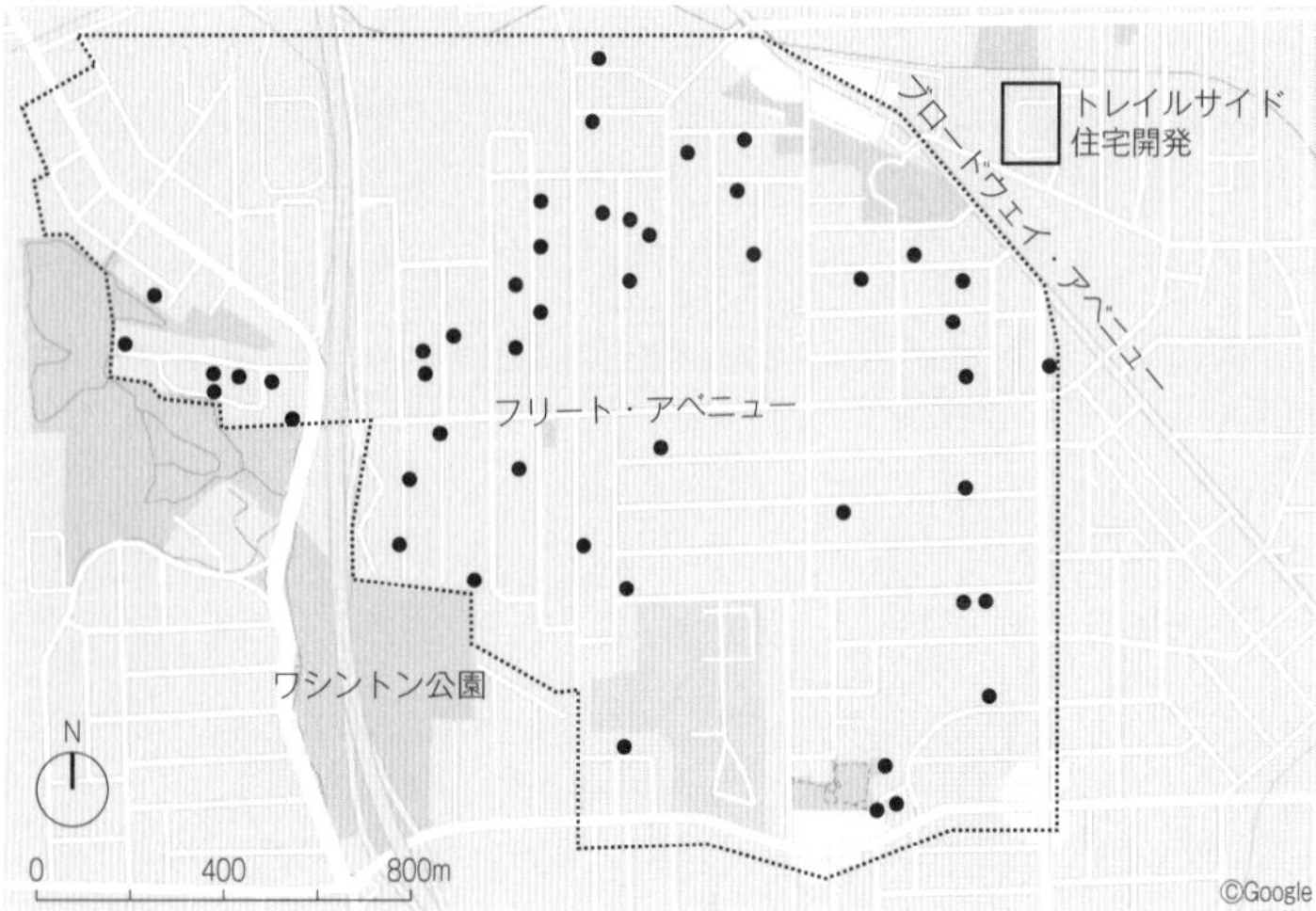

● SVR社が修復、販売した住宅　　……… スラビック・ビレッジ回復プロジェクト・エリア

図3　スラビック・ビレッジ地区の再生状況（出典：SVR社の資料をもとに作成）

440万円）に設定することで利益が得られるようにした。なお、屋根・外壁・窓のすべてを取り換える必要がある場合や、修繕経費が多大となる場合には、修繕ではなく解体が必要と判定している。一方、修繕内容が一つもしくは二つで、構造的に問題がなければ修繕候補とし、修繕費用が設定した価格帯に収まる場合には修繕候補のリストに掲載する。*9

SVR社では、「ネオ・キャンドゥー（NEO CANDO）」というクリーブランド都市圏の住宅に関するデータベース（3章2節参照）を利用し、各区画について、不動産の用途、居住者の有無を調べる。2012年には、プロジェクト・エリア内の2231軒のうち302軒が空き家であることを確認し、それらに関して差押えのタイプと状況、抵当融資滞納差押えの原告である金融機関名、さらにはカヤホガ郡のランドバンク（Cuyahoga County Land Reutilization Corporation：ＣＣＬＲＣ）が取得可能か否かといったことを調べ、プロジェクトの対象不動産を抽出。その結果、空き家３０２軒のうち２００軒を取得・修繕することを目標に掲げた。[*10]

ＳＶＲ社は、２～４年で不動産市場が正常化し、民間企業が参入してくることを想定し、４年間にわたって年に50軒販売する計画を立てた。しかし、実際には６年半で54軒の販売にとどまった（図３）。依然として民間企業の関心は弱く、２０１９年時点においても市場の正常化を図っている段階である。ただし、市場状況を見ながら修復費用を増加させており、当初５万１９００ドル（約５７０万円）だった平均販売価格を少しずつ上げ、２０１９年時点の価格は９万３９００ドル（約１０３０万円）である。

不動産の取得に関しては、ＣＣＬＲＣおよびクリーブランド市のランドバンクの協力によるところが大きい。両者は、税滞納差押えの不動産の優先的譲渡や住宅解体の面でプロジェクトを支援している。大半の譲渡価格は、ＳＶＲ社が修繕を行うという条件付きで１０００ドル（約11万円）以下に抑えられている。また、ＣＣＬＲＣが対象地区で不動

写真６　スラビック・ビレッジ回復プロジェクトにより修復された築約100年の住宅

表3　SVR社の販売実績（2013年12月～2019年6月）

販売価格		51,900～93,900ドル（約570～1,030万円）
購入者	性別	夫婦：4組／男性：10人／女性：37人
	世帯主年齢	20代：14人／30代：12人／40代：11人／50代：9人／60代以上：5人
	世帯規模	1人：19世帯／2人：15世帯／3人以上：17世帯
	人種	白人：20人／黒人：29人／ヒスパニック：2人
	従前居住地	スラビック・ビレッジ地区：21人／クリーブランド市内：19人／クリーブランド都市圏：8人／その他・不明：3人

（出典：SVR社の資料をもとに作成）

産を取得した場合には、SVR社に情報提供を行っている。その情報を受け、SVR社のスタッフが現地に赴き、修復のために不動産を取得するか、CCLRCに解体を要請するかを判断する。[*11]このようにして、SVR社では、空き家の9割をCCLRCから入手している。

また、修復対象住宅に隣接する空き家が管理不全の場合には販売の見込みが立たないため、CCLRCに取得・解体を要請する。このようなケースを含め、CCLRCでは、2016年までに地区内で1500軒以上の空き家を除去した。[*12]

そのため、地区内には住宅跡地の空き地が随所に見られる。CCLRCおよびSVR社では、希望する市民グループに所有している空き地をタダ同然の金額で貸し出し、農園や家庭菜園として活用してもらっている。これにより、草刈りなどの維持管理費の節約につなげている。

これまで修復した住宅の販売実績は、表3に示すとおりである。購入者の人種は、黒人が57%、白人が39%で、この値はスラビック・ビレッジ地区の住民構成に比較的近い。女性が比較的多いこと、世帯主年齢が分散していること、単身世帯と3人以上世帯が多いこと、地区内もしくは市内他地区からの転入が79％と高いことが特徴的である。

ジロー社のデータベースによると、2019年7月29日時点での同地区の差押え不動産は44軒、競売予定は5軒、住宅価格は5000〜9万2500ドル（約550〜約1000万円）である。

4 スラビック・ビレッジ回復プロジェクトの教訓と今後

SVRプロジェクトは、衰退した住宅地再生において参考となる優れた取り組みと言える。グレーター・オハイオ政策センター（Greater Ohio Policy Center）では成功を収めたプロジェクトと評価している。その要因として、①取得・修繕の対象を金融機関が見放した空き家に絞ったこと、②地域貢献の性格を有しているが、事業を持続させるために利益の確保を重視したこと、③公的資金に頼るのではなく民間資金を活用し、柔軟性・融通性を確保したこと、④解体と修繕を戦略的にリンクさせたこと、⑤地区内に資産が残っており、高い空き家率にもかかわらず、居住の継続や転入を望む住民がいたこと、⑥不動産の状態、取得に際しての障害、債権者などの情報とそれを分析する能力や、成果を得るために必要な戸数を最小経費で取得する能力をSVR社が有していることなどを挙げている。

また、SVDでは、商業開発、商業者の誘致、地域活動の支援も行っている。2019年には、地区の商店街の一つであるフリート・アベニューに、3件の新たなビジネスを誘致した。このような取り組みにより、地区の賑わいにも回復の兆しが見られる。

さらには、ＳＶＲ社が直接関与していない住宅の修繕・販売も行われており、二つの大規模なアフォーダブル住宅プロジェクトが２０１８年に開始された。また、別途、95軒の戸建て住宅も新築された。[*13] ＳＶＤのクリストファー・アルバラード氏は、「民間企業との競争は望んでいた流れであり、それは不動産市場の正常化の兆しだ」と話していた。スラビック・ビレッジ地区の再生にはかなりの時間を要すると思われるが、同氏は「住宅価格が10万ドル（約１１００万円）を超えたり、民間企業が修復ビジネスに参入するようになれば、ＳＶＤは存続させるが、ＳＶＲ社はプロジェクトから撤退する」とも語っていた。

5　プロジェクトとプログラム

ＳＶＲプロジェクトと並行して、対象地区のすぐ外側の工場跡地において戸建てのトレイルサイド住宅開発が民間企業により進められている（図３）。本プロジェクトは、ＳＶＲプロジェクトの実施前に作成された「スラビック・ビレッジおよびブロードウェイ開発計画」における主要事業の一つである。プロジェクトの実施に際して、市が工場を解体し、ＳＶＤが敷地統合および不動産入手を支援した。２０１９年現在、第1期の住宅全戸の入居が完了し、第2期の建設準備中である。

住宅購入者には、スラビック・ビレッジ地区における住宅購入の場合と同様、大手都市銀行のウェルズ・ファーゴのシティ・リフト・プログラムから、頭金として1・5万ドル（約１６５万円）

の補助金が支給された。同銀行はクリーブランド市から略奪的貸し付け（1章2節参照）に関して訴訟を起こされたが、その罰金の代わりとして設けたのが本プログラムであり、偶然にもＳＶＲプロジェクトやトレイルサイド住宅開発とタイミングが付合した。本プログラムは中低所得者の住宅購入者にとっては大きな恩恵となった一方、ウェルズ・ファーゴにとっては企業イメージの改善とともに、マーケティング・ツールにもなっている。

また、ＳＶＤは、ＳＶＲプロジェクト開始前の２０１１年に、入手した不動産を修復のスペックと費用見積りとともに民間企業あるいは居住希望者に約１万ドル（約１１０万円）で売却するプログラム（Neighbors Invest in Broadway）を開始した。１年以内にスペックどおりに修復しない場合はＳＶＤが該当の不動産を取り戻す条件付きとなっている。これまで１軒も返還されたことはなく、90軒以上を売却している。

5　シンシナティ市ウォールナットヒル地区
―空きビル再利用による商業地区の再生

1　地区の概要

シンシナティ市は、オハイオ州西南部のオハイオ川沿いに発達した人口約30万人の商業都市である。同市では60年間減少した人口がようやく下げ止まり、２０１０年から２０１５年にかけて１・3％増加した。

19世紀後半に、市の経済発展に伴い東部の大きな公園周辺に高所得者層が別荘を建設し、それと並行して別荘地と中心部とつなぐケーブルカーや路面電車が整備された。ウォールナットヒル地区は、市の中心部から東北に約3キロ、別荘地との間に位置し、同地区を東西に走るマクミラン通りは路面電車のハブとなった。それを受けて商業・娯楽施設が集積し、市内で2番目の中心地へと発展を遂げた。しかし、１９６０年代に州間高速道路が建設され、地区が分断された。それに伴い、中流階層が郊外へ転出。１９５０年代に1万６０００人だった地区人口は、約６０００人にまで減少した。同時期には人種暴動も起こり、多くのビジネスも転出し、多数の空き家や空き地が発生した。

市の人口の下げ止まりに関しては、ウォールナットヒル地区に隣接する地区の再生が大きく寄与した。社会経済指標を見ると、ウォールナットヒル地区は隣接地区に見劣りする。２０００年から２０１０年にかけて、市全体の人口の減少率が約10％であったのに対して、ウォールナットヒルは約20％であった。しかし、２０１０年以降、人口が横ばいで推移するようになった。

ウォールナットヒル地区の北部は、世帯所得の地域中央値が1・3万ドル（約１４３万円）と低所得者が集中している。失業率が21％と高く、自動車普及率は43％と低い。その一方、南東部は、世帯所得の地域中央値が4・4万ドル（約４８４万円）と市全体の3・3万ドル（約３６３万円）よりも高い。また、失業率は2％と極めて低く、自動車普及率は79％と高いものの、子どものいる世帯が11％と少なく、いわゆるヤッピーと呼ばれる住民が比較的多い。北部と南西部の住宅価値が市全体よりも著しく低いのに対して、南東部では市や地域の中央値よりも高い。さらには、様々なサイズの集合住宅と多様な戸建て住宅で構成されている。対して、南西部は戸建てと低密の集合住宅が建ち並ぶ。地区全体では約９５０軒の空き家が存在している。

賃貸住宅に居住する世帯の過半は、家賃負担の限度額が５００ドル（約5万５０００円）程度の世帯である。このデータは、公的補助を受けている住宅もしくは質の低い住宅であることを示しており、こういった住宅は北部と南西部に集中している。

一方、２０１１年から２０１５年にかけてのウォールナットヒル地区の住宅価格の上昇率は16％で、市全体の上昇率よりも高かった。この数字は需要の増加を示しており、特に専門的職種の若者に人気がある。

また、同地区の小売業は、1・91億ドル（約２１０億円）の需要に対して1・05億ドル（約１１５億円）しか供給していないという分析結果がある。需給ギャップは0・86億ドル（約95億円）で、床面積に換算すると2・5万平方メートルに相当する。これは、地区に商業開発ポテンシャルがあることを示している。[*14]

2　ＣＤＣとランドバンクの連携による地区再生

ウォールナットヒル地区は、ランドバンクとＣＤＣの連携により地区再生が進められている（図

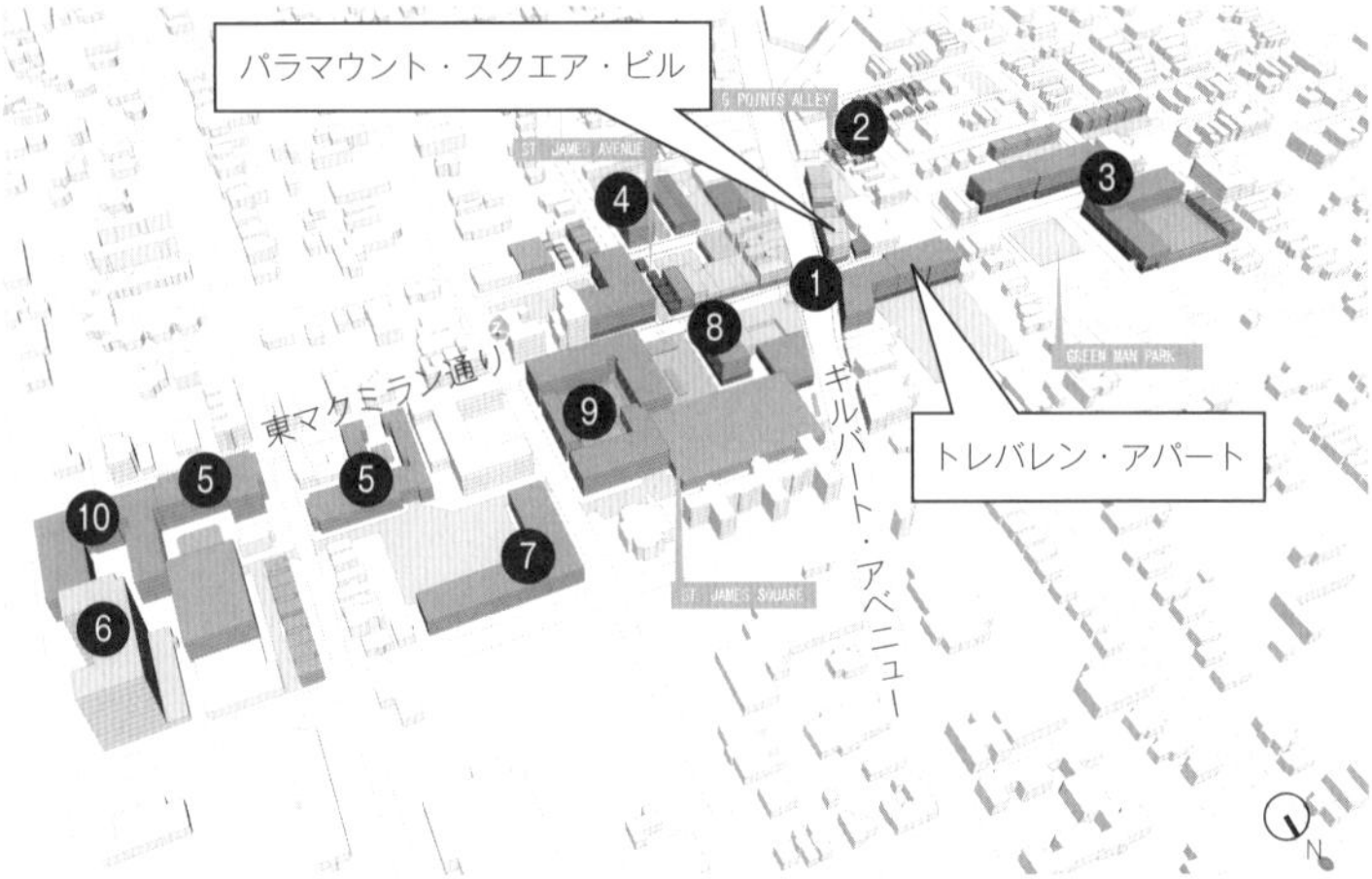

①パラマウント・スクエア　②リーチ・ハウス　③ファイアーハウス街
④カーティス・ブロック　⑤乳製品店　⑥REHAB ALMS　⑦ダラージェネラル再開発
⑧ドラックストア再開発　⑨クローガー再開発　⑩マクドナルド再開発

図４　ウォールナットヒル地区の再生計画
（出典：Walnut Hills Redevelopment Foundation（2016）*WALNUT HILLS REINVESTMENT PLAN* をもとに作成）

４）。

同地区の再生を中心になって進めているのが、１９７７年に創設されたウォールナットヒル再開発ファウンデーション（The Walnut Hills Redevelopment Foundation：ＷＨＲＦ）というＣＤＣである。当初は、低所得者向け住宅の供給を主な事業としていたが、２００５年頃に組織を改変し、現在は地区内の商業・業務エリアの再生に力を入れている。

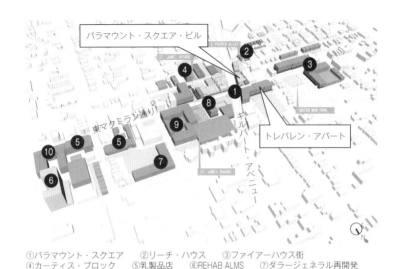

ＷＨＲＦは、市役所・地区協議会・デベロッパーと良好な関係を築いてきた。地区協議会や商工関係者と定期的に会合を持ち、考えや情報を共有し、地元とのつながりが強い。また、市とはパートナー関係にあり、市が取得した不動産を譲渡してもらうこともある。その場合には、デベロッ

写真7　歴史的建造物を再生したトレバレン・アパート

パーとして不動産を改修して、市場に販売している。

２０１２年以降、ＷＨＲＦはピープルズ・コーナー（東マクミラン通りとギルバート・アベニューの交差点）の再生に力を注いでいる。ハミルトン郡のランドバンクから3棟の歴史的建造物を購入・大改装し、「トレバレン・アパート」という30戸の一般賃貸住宅と６５０平方メートルの商業施設を開発し、この施設が地区内の開発プロジェクトの触媒的役割を果たしている。建設費は９００万ドル（約９億９０００万円）で、オハイオ州の歴史的建造物再生プロジェクトの認定に基づき25万ドル（約２７５０万円）の税額控除を受けるとともに、自己資金、銀行ローン、市の補助金で賄った。*15

２０１６年１月１日に完成したアパートを、同年２月下旬に視察する機会を得た。外付けの

写真8　修復中のパラマウント・スクエア・ビル

エレベーターが設置された建物内では、各戸の出入口が付け替えられ、各室の天井が高く、数字以上に広い印象を受けた。シンシナティ市ではめずらしくベッドや家電製品などが備え付けられており、広めの2寝室タイプの家賃は月１２００ドル（約13万円）。視察した時点で16戸が賃貸契約済みであった。居住者の大半は30歳未満の独身で、専門的職業に従事しているとのことであった。コンサルタントに市場調査を依頼してターゲット層・価格・戸数を決めており、予想どおりの入居者が集まっているという。ただし、この賃貸住宅が面する東マクミラン通りの反対側にはスーパーマーケットがあるものの、通りには営業していない店舗が目立ち、必ずしもヤッピー好みの環境ではない。

また、トレバレン・アパートの隣接地には居住不適と判定された空き建物があり、不心得者が入り込んで騒ぎたて住民に不安を与えていたが、それをランドバンクが取得し維持管理することになった。ＷＨＲＦでは、この土地を民間デベロッパーに紹介し、地域住民の希望に沿って再開発されるように調整を行った。

ＷＨＲＦのようなＣＤＣにとっては、ランドバンクが債権を抹消した不動産を安く譲渡してくれることは大きな恩恵である。また、ランドバンクは、譲渡するまでの間に、必要に応じて屋根の穴を塞ぐなど不動産の状態の悪化を防止してくれる。ただし、ランドバンクから不動産の取得を予定していても、当該物件が税滞納差押え寸前で一部でも納税すると差押えプロセスはリセットされる。そのため、3年も待っている不動産もあるという。

トレバレン・アパートに続く事業として、WHRFは1920年代に建設されたパラマウント・スクエア・ビルを購入した。地区のランドマーク的存在とも言える建物だったが、以前の所有者は1960年代に購入し、人種暴動のあおりを受けて手放して以来、空きビルのまま放置された状態であった。WHRFは2000万ドル（約22億円）かけて小売店舗・オフィス・賃貸住宅に改装する予定で、2019年9月時点で工事中である。資金に関しては、市の補助金、オハイオ州の歴史的建造物再生の税額控除などを利用している。

6　クリーブランド市フィッシャーハウス
―ランドバンクによる土地集約

ランドバンクは、税滞納差押え物件を取得し、債権を抹消して譲渡する。通常、債権処理には時間と費用を要するため、ランドバンクのこの業務は重宝されている。不動産市場が機能していれば民間不動産会社の出番であるが、そうでない場合はランドバンクがその役割を果たす。エンドユーザーの要望に基づいて、複数の区画の土地を取得し集約することも行っている。

本節で紹介するクリーブランド市のフィッシャーハウスは、ランドバンクが土地を集約したことで実現したプロジェクトである。フィッシャーハウスとは退役軍人が医療施設で治療入院している間に彼らの家族が滞在するための施設で、全米で86カ所存在している（2020年1月現在）。家族は同施設に無料で滞在できる。

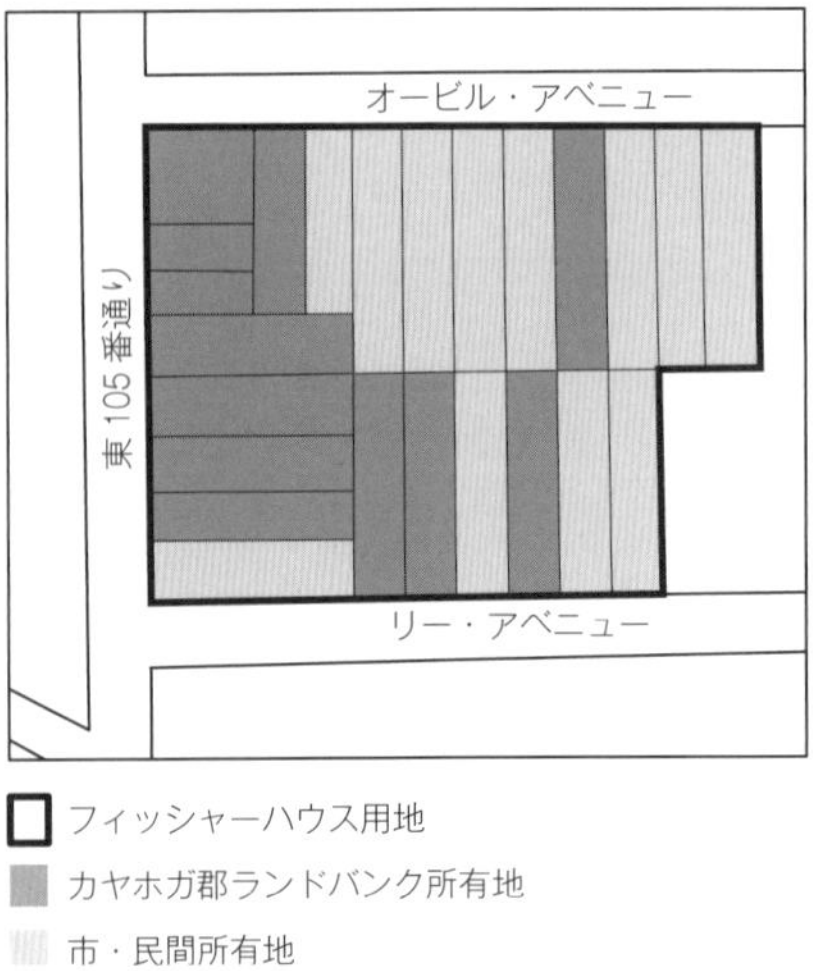

図5　フィッシャーハウス建設のための土地の統合
（出典：Trumbull Neighborhood Partnership（2016）***Partnerships: Land Banks, Nonprofits, and Community Development Corporations*** をもとに作成）

クリーブランド市にフィッシャーハウス建設を計画した連邦退役軍人省は、ルイス・ストークス・クリーブランド医療センターの徒歩圏内に開発用地を確保することをカヤホガ郡のランドバンクに要請した。それに応じて、同ランドバンクは、プロジェクト用地として自身が所有していた空き地の12区画に加えて、クリーブランド市、民間財団、二つの金融機関の所有地、合わせて24区画、約1万平方メートルの土地を統合した[*16]（図5）。いずれも短冊状の区画

写真9　フィッシャーハウス

で、平均間口15・5メートル、平均奥行62メートルであった。

こうして統合された土地に16室のフィッシャーハウス2棟が建設され、2018年3月にオープン。オハイオ州東北部から毎年500人以上の退役軍人が治療のためにセンターを訪れ、連日15～20の家族が宿泊している。

施設建設のための資金として、1000人以上から1棟分の340万ドルの寄付を集め、2棟目に関しては連邦フィッシャーハウス基金が資金提供した。

なお、筆者が2019年9月に現地を訪れたところ、東105番通りの反対側に低層ビルが建設されており、フィッシャーハウスが周辺の不動産開発を誘引したと考えられる。

7　アクロン市カスケード公営住宅地
―住宅公社による荒廃住宅地の公営住宅への転換

アクロン市は、オハイオ州の北東部に位置する人口約20万人の都市である。かつては化学工業

写真10　カスケード公営住宅団地

都市として繁栄していたが、オハイオ州の他の工業都市と同様、工場の操業縮小・撤退に伴い人口が継続的に減少した。

公営住宅が建てられたカスケード地区は、市の中心部から約２キロ東北に位置する。１９３０年に開発された戸建て住宅地であったが、住宅の老朽化に伴い地区全体が衰退。そうした状況を改善すべく、アクロン都市圏住宅公社が、２００９年に連邦住宅都市開発省の交付金を活用して49戸の公営住宅地に再生した。住戸は、寝室とトイレの数により五つのタイプに分けられる。住戸面積は68〜１３６平方メートルとアメリカの平均的な住宅よりも小さいが、住宅の周囲には十分な緑を確保している。[*17]住宅地の一角には託児所も整備されており、日本人の感覚からすると公営住宅ではなく民間開発に見える。

公営住宅は所得の低い世帯向けであるため、アメリカでは一般的にＮＩＭＢＹ[*18]扱いされており、公営住宅を歓迎する地域はほとんどない。そのため、アクロン都市圏住宅公社では、立地可能な土地探しに苦労しているという。カスケード地区の場合は、地区全体が衰退していたこと、河川や幹線道路などで隣接地区からやや離れていることから開発が可能であった。居住者の半数以上が障がい者であり、現在1000人以上の入居希望者がウェイティング・リストに記載されている。しかし、その一方で公営住宅の開発を止めようとする人もおり、住民投票の対象になりうるという状況である。

8 デイトン市ビジネス改善地区
―BIDによる都市中心部復活への取り組み

エリアの再生には、建造物の修繕・更新といったハード事業だけではなく、ソフト事業も重要である。ソフト事業の中心的なしくみとしては、業務改善地区（Business Improvement District：BID）が挙げられる。このBIDに関しては、アメリカ各州で州法により更新期間などが規定され、活用されている。オハイオ州では、特別改善地区（Special Improvement District：SID）という名称で、やや厳格に規定されている。

デイトン市は、オハイオ州の西部に位置し、かつては自動車産業で栄えた。1960年のピーク時の人口は約22万人で、その後減少し続け、2017年には約14万人にまで落ち込んでいる。

1996年、市は、オハイオ州の中でいち早くダウンタウンSIDを設けた。同市では、不動産所有者の60％以上（間口ベース）が賛成すればSIDを設定できる。5年ごとに投票し、そのつど更新されてきたが、現在のダウンタウンＳＩＤは２０１６年1月に開始されており、期間は２０２０年末までである。

ダウンタウンＳＩＤは、グレートマイアミ川や高速道路などに囲まれた、東西・南北とも約１・５キロのエリアであり、地区内には約３００の不動産所有者がいる。所有者にはデイトン市とモンゴメリー郡も含まれており、ＳＩＤ内に数多くの不動産を所有している。

歳入の大半は、ＳＩＤ内の不動産所有者からの一種の税金である。ＳＩＤ内の不動産所有者は、固定資産税に上乗せする形でＳＩＤの税査定額を、デイトン市が属するモンゴメリー郡に支払う。税査定額は、間口に25％、不動産評価額に75％のウェイトをかけて算定され、同一のＳＩＤ期間中は一定である。

加えて、郡、州、民間機関などから補助金を得ている。イベントなどについては、地区外の経済界からの会費10万ドル（約１１００万円）やオハイオ州芸術協会の補助金などを充当している。

１９９６年から現在まで、ダウンタウン・デイトン・パートナーシップ（Downtown Dayton Partnership：ＤＤＰ）がＳＩＤにサービスを提供している。ＤＤＰは、メイン・ストリート協会が１９９０年に設立した組織で、デイトン市のダウンタウンを居住・就労・観光の各面でより魅力的な場所にすることをミッションとしている。会長は市長と民間企業代表が務め、スタッフは社長以下12名である。会長が市長ということもあり、市とは良好な協力関係を築いており、特に経済開発部と連携することが多い。

ＳＩＤが更新されるごとに、不動産所有者にとっての重要事項や要望事項を踏まえながらサービス計画が策定される。現在、ＤＤＰでは、２０１６～20年の計画に基づいて次の七つの事業を行っている。

①戦略計画（長期的に持続可能な成長を目指す）
②ダウンタウンのための啓発（不動産所有者・企業・住民の啓発）
③マーケティングとコミュニケーション（ダウンタウンのＰＲ）
④ビジネスサービス（ダウンタウンの経済環境の改善）
⑤清掃と安全（清潔で安全なダウンタウンの維持）
⑥住宅（住宅開発に関する協働）
⑦アメニティとイベント（娯楽の多様性の拡充）

景気後退などにより企業が流出し続けているデイトン市にとっては、企業をダウンタウンに引き止めることは極めて重要である。そのため、ＤＤＰでは、企業のニーズを聴取し、企業間のネットワーク形成を支援したり、関連情報の提供を行っている。また、地元の建築家の協力のもと、オフィスの再利用や用途転換の提案も手がけており、これまで10棟以上のビルを対象にプランを作成した。

一方、ダウンタウンの賑わいを維持し、商業者の売り上げを確保するためには、来街者を確保することが重要である。そこで、ＤＤＰでは、ホリデー・フェスティバルなどのイベントを1年を通して開催しており、ダウンタウンに５００万人にのぼる集客を実現させている。

写真 11 「初めての花」プログラムにより設置されたプランターとベンチ

企業や来街者を引きつけるには、清潔さと安全性の確保も重要である。そのため、DDPではアンバサダー・プログラムを実施している。本プログラムでは、「アンバサダー」と名づけられたスタッフが、夏期には明るい緑色のシャツ、冬期には明るい青色のジャケットを着用して、ダウンタウンでゴミを拾い、歩道を清掃し、落書きを消す。また、自転車もしくは徒歩で地区内をパトロールするとともに、道案内を行うなど来街者・就業者・居住者を支援する活動も行っている。

さらには、ダウンタウンの美化に向けて、「初めての花」プログラムを2004年から実施している。民間財団の資金をもとにカラフルな花のプランターを歩道に設置し、通りの景観向上に一役買っている。植栽はボランティアによるもので、ビルのオーナーやテナントが水やりをするなど草花の世話をしている。

加えて、DDPでは、地元のアーティストと住民・就業者・来街者との交流を図ることを目的として、地区内の画廊とビジュアル芸術センターと協働で都市美術交流プロジェクトを進めている。具体的には、アーティストに壁画を描くスペースを提供し、地区内に点在する壁画が殺風景な街並みの風景を魅力あるものに変え、街の景観の改善につながっている。

ほかには、バナープログラムによりダウンタウンの外灯のポールをカラフルなバナーで飾ることも実施している。バナーでイベントを告知することができ、非営利法人であれば低額の料金で広告を出すことが可能である。[*19]

こうしたDDPの一連の事業・活動により、アメリカ全体の景気回復の後押しもあり、デイトン市のダウンタウンも徐々に回復の兆しを見せている。2018年11月発行のDDPのレポートには、2010年以降の住宅の増加率57%、賃貸住宅の入居率97・5%という数字が示されている。また、2018年に32の新規ビジネスが誕生したという報告もあり、自動車産業に依存していた経済が多様性を持ちつつある状況がうかがえる。

DDPでは、2015年以降で、総合計5・64億ドル（約620億円）をかけて、33プロジェクトが実施されることを見込んでいる。その一つとして、かつてダウンタウンの賑わいの中心であったものの閉店後長年にわたり放置されていた「アーケード」という商業施設が、商業・教育・住宅の複合施設として再生された。また、2019年1月現在、民間企業が数棟の空きオフィスビルの購入を進めており、賃貸オフィスや店舗に改修する見通しである。

注

＊1 エイベル財団のホームページ http://www.abell.org/programareas/highlights/patterson2.html

＊2 Daniel J. Sernovitz (2009) "Patterson Park CDC files for Chapter 11" http://www.abell.org/programareas/highlights/patterson2.html

＊3 ワン・ハウス・アット・ア・タイムのホームページ http://www.onehousebaltimore.org/before-and-after/

＊4 イーストリバティ開発のホームページ https://www.eastliberty.org/about-east-liberty/

＊5 前掲＊4

＊6 イーストリバティ開発のホームページ https://www.eastliberty.org/wp-content/uploads/2016/11/Affordable-Housing-in-East-Liberty_2015.compressed.pdf#search=%27Affordable+Housing+East+Liberty%27

＊7 Pittsburg City Planning (2011) *East Liberty Station: Realizing the Potential*

＊8 Greater Ohio Policy Center (2014) *Documenting the Slavic Village Recovery Project*

＊9 前掲＊8

＊10 前掲＊8

＊11 前掲＊8

＊12 Dennis Keating(2018) "Remember Slavic Village? It's Back" https://shelterforce.org/2018/04/16/remember-slavic-village-its-back/

＊13 前掲＊12

＊14 The Walnut Hills Redevelopment Foundation (2016) *Walnut Hills Reinvestment Plan*

＊15 ウォールナットヒル再開発ファウンデーションのホームページ https://walnuthillsrf.org/trevarren-flats/

＊16 Cuyahoga Land Bank (2018) *CUYAHOGA LAND BANK 2018 COMMUNITY IMPACT REPORT*

＊17 カスケード・ビレッジ・アパートのホームページ http://www.apartmentsatcascadevillage.com/floorplans.aspx

＊18 "Not in my back yard"の略称で、必要性は認識しつつも、自宅周辺への立地を嫌うことを意味する。いわゆる、迷惑施設を指す。

＊19 デイトン・ダウンタウン・パートナーシップのホームページ http://www.downtowndayton.org/clean-safe/#ambassadors

8章

日本の空き家対策に向けて

アメリカにおける空き家発生の主な原因として、「住宅の郊外化」「産業構造の変化に伴う失業による住民の転出」「サブプライムローンの破綻による抵当融資滞納差押え」の三つが挙げられる。一方、空き家を含む住宅の老朽化の主な原因は、経年劣化に加えて、「資産価値の低下による維持管理の放棄」「収入の減少による維持管理費の確保の困難化」の二つである。そして、空き家問題への対応には、「不動産市場の弱体化・消滅」「多額な費用」「所有者の権利保護」といった制約条件がある。

このような状況の中、アメリカでは各自治体が多種多様な施策を立案・実施してきた。それらの中には、空き家問題への対応を迫られている日本の多くの自治体にとって、日常的な対応のヒントになるものもあれば、問題が深刻化した場合の対処のあり方を示唆するものもある。そこで、本章では、これまで述べてきたアメリカの取り組みを振り返りながら、空き家問題への対応プロセスに沿って、政策評価基準として一般的に用いられている「有効性」「効率性」「公正・公正性」および「安全性」の四つの観点に基づいて日本が参考にすべき点を整理していく。

1　空き家問題の発生防止・抑制

(1)空き家の状態に応じた維持管理基準の設定

一言で空き家といっても、その状態は様々である。そこで、アメリカでは、「一般空き家」「抵当融資滞納差押えの空き家」「登録した空き家」といった区分を設定し、それぞれの維持管理基準を条例で規定している。差押えを受けている空き家に関しては、その大半が「一般空き家」よりも状態が良いことから、空き家と思われないような基準を設定しており、それぞれの住宅地の状況を維持する上で有効である。

(2) 罰金制度の詳細な設定

アメリカでは、空き家問題の発生を防ぐ手段の一つとして、条例違反の内容に応じて罰金を細かく設定している。同じ違反を繰り返した場合には、罰金は増額される。これらは「ムチ」に該当するが、空き家問題の発生を防止するには条例を厳格に遵守することが必要であり、違反を防ぐ手段として罰金はある程度有効である。一方、日本の空き家特措法に規定されている罰金は、1回の違反にしか科すことができない過料であり、抑止効果は必ずしも十分とは言えない。

(3) 関連条例の統合

日本の場合、空き家等の問題に関する法律は、措置の対象や内容ごとに異なる。一方、アメリカの各自治体の空き家関連の条例は、行政代執行なども含め、自治体が行う一連の措置が住宅に関連する章に統合されている。そのため、自治体の担当者も住宅所有者も理解しやすい。また、適用する法律が異なると担当者が交代せざるをえないという事態も避けることができる。

⑷基準の数値化

アメリカの各自治体の条例では、不動産所有者が遵守すべき基準を数値で規定している。例えば、庭の草本の高さに関して上限値を示しており、その数値を超過した場合には行政措置の対象とするなど基準が明確であり、問題対応の効率化を図っている。

2　空き家問題の把握

⑴ニューサンスの概念の導入

アメリカにおける措置対象の判断は、ニューサンスの概念に基づいており、明確である。ニューサンスとは、公共の福祉を損なうものであり、それを取り除く義務を負うのは原因者、すなわち住宅所有者である。このようにストレートに考えると、「助言・指導」「勧告」「命令」という段階を踏むことなく、直接「命令」という措置をとることが妥当である。また、アメリカの諸都市では、所有者がニューサンスを除去しない場合には、行政もしくは第三者の財産管理人が除去する、あるいは競売にかけて新規所有者に対処を委ねることで対応している。

⑵問題の有無による措置の判断

アメリカでは、居住者の有無ではなく、ニューサンスの有無により措置を行うか否かの判断を下すことで、問題への対応が合理的に行われている。また、連続住宅に関して、住戸単位で空き家ないし問題住宅か否かを判断している。隣接・近接する住宅の居住者の安全を最優先するという思想が読み取れる。

(3) 充実した調査体制の整備

アメリカでは住宅調査を主な業務とする職員がある程度確保されており、充実した調査体制が整えられている。

(4) 担当職員の権限の法制化

アメリカでは担当職員の権限を条例に規定し、空き家問題への対応の効率化を図っている。

(5) 調査官の免責の法制化

アメリカでは、空き家等の立入調査の際に不動産に損害を与えてしまった場合の調査官の免責を条例に明文化しており、リスク管理を行っている。

(6) 所有者の事情聴取・意見陳述の機会の設定

アメリカでは、空き家問題などの把握・認定に正確性を期すとともに、公正性を担保するために、所有者から事情聴取あるいは所有者の意見陳述の機会を設けている。

(7) 空き家登録制度の設置

アメリカの諸都市では空き家登録制度を導入しており、その登録料が一種の空き家発生の抑止力になっている。また、登録により、問題が生じた際の所有者への連絡を容易にしている。

3　問題改善などの命令

(1) 空き家維持管理ライセンス制度

シンシナティ市では、空き家の維持管理に関して申請料を徴収し、2年目以降の申請料を増額することにより、所有者に早期の問題解決を促している。

(2) 不動産譲渡の際に所有者に課される義務

アメリカでは、不動産譲渡の前に、所有者が条例違反に対応すること、あるいは新たな所有者が速やかに対応することを義務づけることで、問題の先送りの防止を図っている。

(3) データベースの構築

アメリカでは空き家に関するデータベースを構築しており、情報管理を容易にするとともに、事務処理の効率化を図っている。また、空き家問題に面的かつ戦略的に対応することも可能にしている。

(4) 問題住宅の公表

アメリカでは各自治体のホームページにおいて問題住宅を公表しており、改善命令の遂行を促すことに貢献している。また、問題解決に取り組んでいるランドバンクや非営利のコミュニティ開発法人（ＣＤＣ）にとっては、重要な情報源の一つとなっている。

(5) 措置のステップの簡略化

アメリカでは、「助言・指導」「勧告」のステップを省略し、直接「命令」を出すことにより、問題解決のスピードアップを図っている。

(6)所有者への通告方法の法制化

アメリカでは、空き家所有者への通告方法を条例で具体的に規定し、条例に沿った通告行為を行えば、所有者からの返答がない場合であっても自治体が通告義務を果たしたとみなし、効率的に措置を進められるようになっている。

(7)問題住宅からの退去命令に関する法制化

アメリカでは所有者の権利保護よりも所有者本人や周辺住民の安全性の確保を優先しており、問題住宅からの退去命令に関しても条例に規定している。

(8)不服申立て

アメリカではニューサンスの認定等に対して所有者が不服申立てを行うことができ、所有者の権利を保護している。この権利は、措置の公正さを担保するために不可欠である。

4 空き家・空き地問題への対応全般

(1)対象地区の設定

資金やマンパワーを特定地区に集中させ、問題発生源をまとめて取り除くことにより効率的に成果を上げている。

(2)問題解決に対応する多様な主体の存在

空き家・空き地問題への対応は、自治体だけではできることに限界がある。そこで、CDC、市民団体、ランドバンクなどの多様な主体が、問題解決に携わっている。

(3)不動産市場の見通しに基づいた空き地への暫定的な対応

アメリカでは、不動産開発が見込める空き地においては、建設までの間に問題を発生させないために暫定的な緑化、最低限の維持管理を行っている。開発が見込めない場合には、空き地に隣接する不動産所有者に安価で譲渡することにより維持管理を委ねたり、公園や菜園などに再利用している。

(4)道路閉鎖と市街地の縮減

アメリカでは、空き家・空き地の再利用の見込みがない場合、それらに通じる道路を閉鎖することによりインフラの維持管理費の軽減を図っている。これは、使われない市街地の縮減にもつながる。

(5)連邦政府からの資金援助

行政代執行は費用回収率が低いとともに税収増加にもつながりにくく、また、空き家問題を多く抱えている自治体では地域経済が弱体化しており財政が厳しいことから、空き家問題への対応は外部資金に頼らざるをえない。そのため、アメリカでは連邦政府が資金援助を行っている。

5 行政代執行

(1) 行政代執行の実施

アメリカの自治体では、代執行の費用を回収できる可能性が低い場合であっても、空き家等の問題を放置することで生じる社会的費用よりも代執行費用の方が小さい場合には代執行を行う。

(2) 空き家に残された有価物の取得

日本では、構造的に危険な空き家を解体する際、室内に残された有価物や現金は行政が保管し、相続財産管理人あるいは不在者財産管理人の選任を申立てた後に行政代執行費用の支払いに充当する。対して、アメリカでは、有価物等を直接取得し、解体費用の一部に充てている自治体がある。

(3) 間接経費を含めた行政代執行費用の請求

行政代執行の費用に関して、日本では直接経費のみを請求することを法律で定めているが、アメリカでは特定の個人に対するサービスの受益者負担の原則を厳格に適用し、間接経費を含めすべての費用を所有者に請求する。

6　不動産の取得と譲渡

(1) 不動産の税滞納差押え

固定資産税を納めない不動産所有者は、維持管理を十分に行わず、空き家の老朽化の放置およびそれに伴う諸問題を発生させることが多い。そのため、アメリカでは、税金をある期間にわたり滞納した場合、不動産を差押さえる。これは、いわば住宅の維持管理あるいは再利用の公営化とも言える。コストはかかるが、空き家問題の社会的コストよりも少額で済むと判断すれば，行政として差押さえることは合理的である。また、価値の低い不動産を、市場が回復するまでランドバンクで維持管理することも、管理の公営化と言える。

(2) 収用権の設定

不動産の維持管理に関する条例違反状態が継続する場合についても、アメリカでは収用権が自治体に付与され、行使されている。これも不動産の維持管理の公営化と位置づけられる。

(3) 改訂委員会を活用した空き家取得の迅速化

オハイオ州では、ランドバンクが税滞納差押え不動産の情報を郡から得て、当該不動産の取得の要望を郡に伝えると、改訂委員会方式の手続きが行われる。理事者の決定により、競売で落札できないリスクを回避し、短期間で確実に空き家を取得することできる。

(4) 取得方針の明文化

ランドバンクにとっては、不動産取得や維持管理などに要する費用の回収が困難なケースが多い。そのため、オハイオ州の大半のランドバンクでは、空き家を必要以上に抱え込まないようその取得方針を定めている。また、公益性を担保するため、利用目的・エンドユーザーの優先順位も設定している。

(5) 金融機関および保証機関との連携

金融機関および保証機関は、差押えた空き家を大量に抱え、販売できずに維持管理費の負担を強いられている。クリーブランド市を主な対象エリアとするカヤホガ郡のランドバンクでは、それらの機関から大量の空き家をまとめて低額で取得し、さらにはそれらの解体費用の提供も受けている。各機関にとしては、債権を十分に回収できないものの、維持管理費の削減というメリットを享受できる。

(6) ランドバンクとコミュニティ開発法人の協力関係

ランドバンクでは、対象地区の選定や対象不動産の抽出に関してコミュニティ開発法人（CDC）の協力を得ている。一方、CDCは空き家の譲渡に際してランドバンクから優遇を受けており、両者の間でギブアンドテイクの関係が構築されている。

(7) 条件付き捺印証書プログラムの設置

ランドバンクでは、修繕内容の条件を付して空き家を譲渡し、その条件が満たされたことを確認した後に所有権を移転するという、条件付きの捺印証書プログラムを設けている。類似のプログラムは、地区全体で住宅地再生を手がけているＣＤＣが民間企業等に空き家を譲渡する際にも適用している。

(8) 1ドル住宅などの譲渡プログラムの設置

購入希望者が見込めない場合の対策として、空き家を修繕せずにタダ同然で譲渡するプログラムも見られる。ただし、譲渡価格が１ドルといった不動産は、状態がかなり悪いなどそれなりの理由がある物件であり、購入者は修繕費がかかることを覚悟しなければならない。

7 空き家財産管理人制度

(1) 空き家財産管理人制度の適用対象に関する判断基準

アメリカでは、所有者が不明か否かではなく、空き家が適正に維持管理されているか否かで、空き家財産管理人制度の適用の妥当性を判断している。

(2) 財産管理人選任の申立権

アメリカ諸州では、空き家財産管理人の選任を申立てる権利が自治体や地縁団体などにも付与されている。日本のように、検察官が申立てを行うこともない。

(3)所有者の権利保護

アメリカでは、空き家財産管理人選任の申立てがなされた際に、所有者は自ら条例違反に対応することを申請することができる。さらに、ペンシルベニア州では、管理人が修繕した後に、修繕費用を支払うことで空き家を取り戻すこともできる。

(4)予納金が不要

日本では、空き家財産管理人制度の活用にあたり、申立人が予納金を裁判所に預託しなければならないことがネックとなっている。アメリカでは、申請費用は多少かかるが、予納金を納める必要はない。

(5)管理人が融資を受ける権限を法制化

アメリカにおいては、財産管理人が管理対象の空き家の先取特権を担保にして、修繕あるいは除去費用の融資を受ける権限が法令で規定されている。対して、日本ではそのような規定がなく、管理人が融資を受けるためには裁判所の許可が必要になる。

(6)財産管理人による競売を可能とする法制度

ボルティモア市では、空き家財産管理人が修繕をせずに競売にかけることが可能であり、実際にこの制度を利用して数多くの空き家の再生を実現している。なお、落札者が定められた期日内に修繕を行わなかった場合には入札資格が剥奪される。

(7) 行政債権の削減

ボルティモア市では、空き家を再び市場に戻すことを優先し、競売により行政の債権を全額回収することを断念することがある。これは、新規所有者による納税を期待した措置である。ただし、未回収債権は元の所有者の債務として残る。

(8) 競売収入による弁済順位の規定

日本の不在者財産管理人制度には弁済順位に関する特段の規定はなく、民法の一般的な規定に従うため、自治体に対して特別に優先権が付与されてはいない。一方、アメリカでは弁済順位を法令で規定している。自治体の債権が1位ないし2位に位置づけられており、管理人の支出も上位にランクされている。また、管理人が指名される以前の債権者は、修繕等の資金を融資した金融機関よりも低い順位に置かれ、所有者は最下位というのが一般的である。自治体を除き、制度適用後の負担を考慮した上で順位づけを行っている。

8　空き地の再生・再利用

(1) 都市農業用地への再利用と関連政策の策定

アメリカでは、住宅などの開発が見込めない空き地を都市農業の用地として再利用している。そのような取り組みに向けた都市農業政策も策定しており、その手段として農業を可能にする用途地域も設けている。

(2) 発電用地として再利用

ほかにも、空き地の代替利用手段の一つとして、太陽光発電や風力発電の用地としても利用している。

(3) 多様な住宅の供給

空き地を住宅地として再利用する場合には、家賃や住宅価格の上昇を招き、ジェントリフィケーションを引き起こす可能性がある。そこで、アメリカでは、中低所得者も居住できるような多様な家賃・価格の住宅を供給している。その際、開発者は補助金を得ながら、全体として採算性を確保している。また、人種構成に関しても、極力配慮している。

9 日本の空き家対策に何が必要か

空き家問題への対応では、私権と公共の福祉の関係をどのように捉えるかが基本かつ重要事項である。日本では、所有権という私権が尊重され、行政は空き家問題に慎重に対応することが求められている。一方、アメリカでは、住宅および空き家に関してそれぞれに維持管理基準を満たすことを徹底して義務化している。これは、居住者ばかりでなく地域全体の安全や健康など公共の福祉を維持・確保するためである。そのため、アメリカでは、空き家問題に対して、時には私権を制限するなど、行政がかなりの権限を有している。ただし、アメリカ人が重視する「公平性（fairness）」を担保するために、所有者の権利を保護するプロセスは確保されている。

このように、強い行政の権限は、空き家問題への対応を速め、効率性を高めることにつながり、また、政策立案の柔軟性を高め、対応策に多様性ももたらしている。多様性は実施主体にも当てはまり、セクター間の連携も積極的に行っている。資金源に関しても、政府だけではなく、民間財団や民間企業も含め多様である。こういった多様性の中から、各自治体が状況に合った組み合わせを選択することが可能になっている。

以上のように、アメリカの空き家対策は、日本の法令の枠組みから見るとかなり大胆なものもある。これらを日本に導入する場合には、まずは不動産所有者の義務、すなわち空き家を適切に維持管理して周辺に迷惑をかけないことを明確にすることが必要である。加えて、義務を果たさない場合には、所有者は権利が制限されたり所有権が奪われることがあるというコンセンサスを社会全体で構築することも求められる。すなわち、管理不全の空き家や空き地が大量に発生する前に、従来のような所有者寄りの考え方から地域社会の公共の福祉を重視する考え方へとシフトすることが、今後の空き家対策の基本として不可欠である。

おわりに

本書は、2009年に開始したアメリカの空き家対策の調査研究をまとめたものである。1～5章は『自治研究』（第一法規）に寄稿した論文「アメリカにおける空き家対策㈠～㈢——先進的な取組みに学ぶ」（第94巻、第4・6・8号）を大幅に改稿し、6～8章は本書のために新たに調査を実施して書き下ろしたものである。

この間、7回訪米し、12都市をめぐり、39回のインタビューを行った。それ以前はアメリカの成長管理政策について調査していたので、扱うテーマはまさに180度転換した。

調査を始めてまもなく、アメリカの空き家の量とその状況に驚いた。分厚い板で玄関や窓が塞がれた空き家、火災にあった空き家、玄関に貼られた「居住不可」という市の宣告、空き家解体後の跡地が広がる街区にポツンと残された住宅など、印象に深く残る光景を数多く目の当たりにした。このような状況の中で、問題を抱える空き家をどのように除去しているのかに関心を持った。そして、自治体のみによる対応の限界に気づき、調査対象はランドバンクへと移っていった。その過程で、「receiver（財産管理人）」という言葉を耳にして、空き家問題解決のための財産管理人制度の存在を知った。これらの対策の効果を確認するため、衰退地区を再生した、もしくは、再生している取り組みへと調査対象はさらに広がっていった。

不動産の所有権、不動産登記制度、財産管理人制度などに関しては、日米の専門家に基本的なことから教えを乞うた。その中で改めて気づいたことが、不動産に関する意識や制度が日米で異なることを踏まえなければアメリカの空き家対策の理解は進まないということだった。

取材の一環として、日本の自治体の空き家問題担当職員にもインタビューを行った。その中で、「なぜ、そのようなことがアメリカではできるのか」と訊かれ、すぐに答えられないこともあった。一方、アメリカの合理的な考え方に触れ、「なぜ、日本ではできないのか」と反問したこともあった。アメリカの政策が効果的であれば、日本でも採用することが望ましい。しかし、不動産の所有権を尊重する日本において、アメリカの政策を採用するにはまだハードルが高いことは確かである。それでも、空き家問題の深刻さが増せば増すほど、そのハードルを乗り越えざるをえなくなる。

アメリカは連邦制のため、州によって政策や法令が異なる。そこで、まずはオハイオ州を中心に調査するところからスタートした。調査対象として好ましい10万～100万人の都市が同州に6市存在していることが、その理由であった（コロンバス市、クリーブランド市、シンシナティ市、トリード市、アクロン市、デイトン市）。各市の施策は少しずつ違い、条例の構成も異なる。また、郡レベルのランドバンクについても組織や事業量などに違いが見られる。オハイオ州以外の都市の中でアメリカの専門家に調査を勧められたのが、ボルティモア市、フィラデルフィア市、ピッツバーグ市であった。これらの3市は、いずれも人口減少と大量の空き家・空き地の問題に直面しているが、市の重要課題としてこれらに大胆に取り組んでいる。

なかでも特に印象的であった施策は、クリーブランド市を包含する郡レベルのランドバンクとボルティモア市の空き家財産管理人制度である。加えて、フィラデルフィア市の空き地の維持管理施策「ランドケア」からは、造園協会と市役所の強い想いを感じとることができた。また、ボルティモア市パターソン公園地区、ピッツバーグ市イーストリバティ地区、クリーブランド市スラビック・ビレッジ地区で実施されていた非営利法人による地区再生には、感動的なストーリーもあった。心残りの一つは、パターソン公園地区のＣＤＣの創設者であるエド・ルトコウスキー氏にインタビューを快諾いただいたものの、残念ながら急逝されてしまい、話をうかがうことが叶わなかったことである。氏のご冥福をお祈りしたい。

最後に、調査に際して快くインタビューに応じ、貴重な情報を提供してくださった行政・非営利法人のスタッフならびに専門家の方々に、この場を借りて御礼を申し上げたい。また、調査研究の機会を与えてくださった明星大学の西浦定継先生と事業創造大学院大学国際公共政策研究所長の吉川富夫先生に、そして、本書を企画してくださった学芸出版社の宮本裕美さんと森國洋行さんに深く感謝いたします。

なお、本書は、文部科学省科学研究費補助金（基盤研究(B)２０４０４０８１、基盤研究(C)２６４２０６２６、基盤研究(C)１８Ｋ０４４８９）を受けて実施した調査結果の一部をもとに執筆していることをここに記しておく。

２０２０年２月

平　修久

平 修久（たいら・のぶひさ）

聖学院大学政治経済学部教授、副学長。1955年生まれ。東京大学工学部都市工学科卒業。米国コーネル大学大学院 Ph.D（都市及び地域計画学）取得。富士総合研究所（現：みずほ総合研究所）勤務を経て、2000年より聖学院大学政治経済学部教授。2015年10月より副学長。

アメリカの空き家対策とエリア再生
人口減少都市の公民連携

2020年3月31日 初版第1刷発行

著者 平 修久
発行者 前田裕資
発行所 株式会社 学芸出版社
京都市下京区木津屋橋通西洞院東入
電話075-343-0811 〒600-8216
編集 宮本裕美・森國洋行
装丁 加藤賢策（LABORATORIES）
DTP 時岡伸行（KST Production）
印刷・製本 シナノパブリッシングプレス

ISBN978-4-7615-2737-2